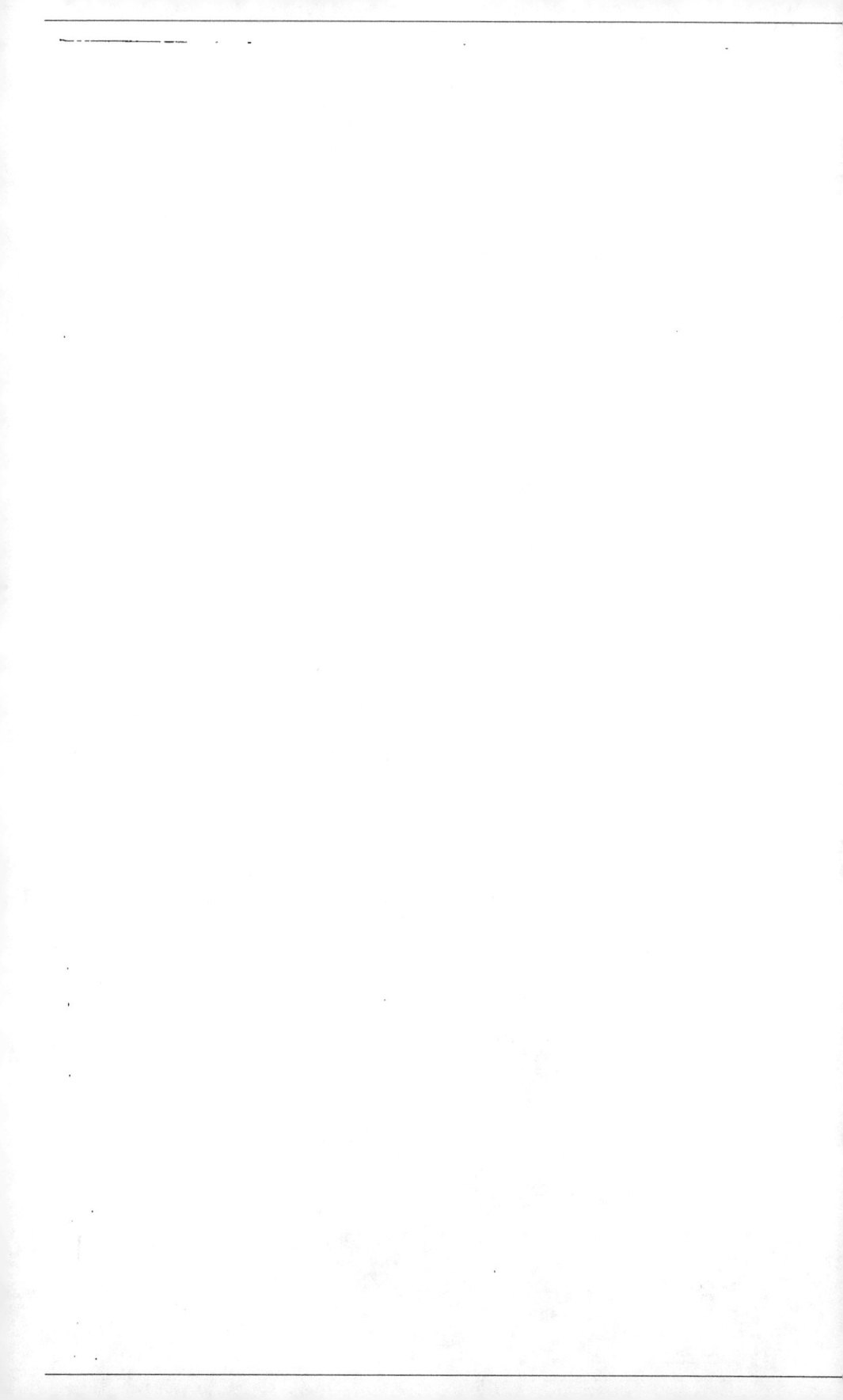

ÉTUDE

SUR LES

SOCIÉTÉS CIVILES

A FORMES COMMERCIALES

PAR

R. DE CASTERAS

AVOCAT

DOCTEUR EN DROIT

PARIS

LIBRAIRIE NOUVELLE DE DROIT ET DE JURISPRUDENCE

ARTHUR ROUSSEAU

ÉDITEUR

14, RUE SOUFFLOT ET RUE TOULLIER, 13

1899

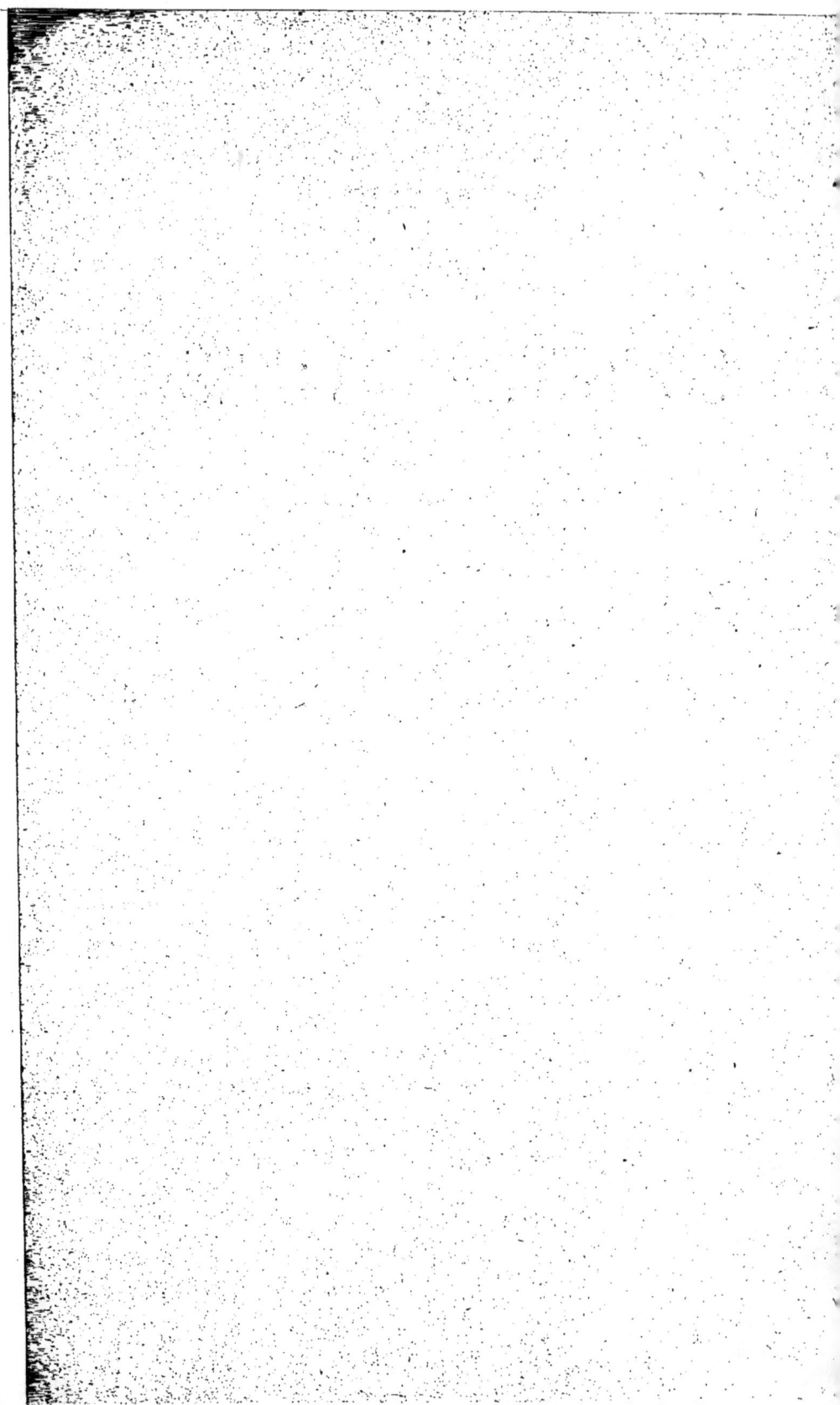

ÉTUDE

SUR LES

SOCIÉTÉS CIVILES

A FORMES COMMERCIALES

226

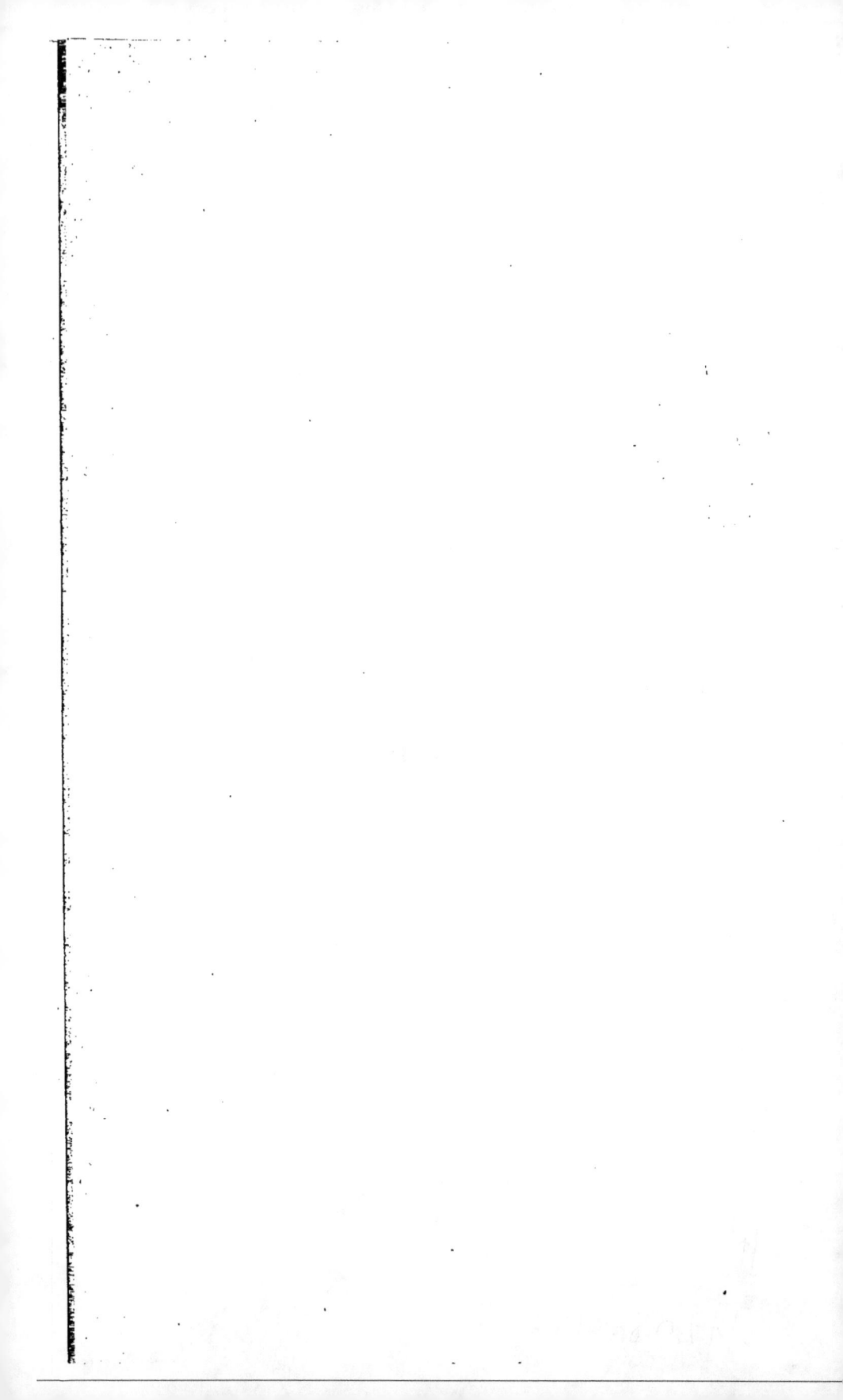

ÉTUDE

SUR LES

SOCIÉTÉS CIVILES

A FORMES COMMERCIALES

PAR

R. DE CASTERAS

AVOCAT
DOCTEUR EN DROIT

PARIS

LIBRAIRIE NOUVELLE DE DROIT ET DE JURISPRUDENCE

ARTHUR ROUSSEAU

ÉDITEUR
14, RUE SOUFFLOT ET RUE TOULLIER, 13

—

1899

ERRATA

Page 13, ligne 4, au lieu de : *questionde toute*, lire : *question de toute*.
— 23, — 30, au lieu de : *M. Salleilles*, lire : *M. Saleilles* et ainsi dans tout le courant de l'ouvrage.
— 27, — 1, au lieu de : *ociété*, lire : *société*.
— 34, — 18, au lieu de : *avec le droit de l'être*, lire : *avec le droit de l'être moral*.
— 37, note, au lieu de *1894*, lire : *1895*.
— 39, ligne 22, au lieu de : *qul'elle*, lire : *qu'elle*.
— 43, — 24, au lieu de : *elle peut bien*, lire : *la loi peut bien*.
— 62, — 28, au lieu de : *l'ordonnance de 1873*, lire : *l'ordonnance de 1673*.
— 87, — 22, au lieu de : *ce pendant*, lire : *cependant*.
— 93, — 13, ajoutez : *des sociétés civiles à forme commerciale qui font publiquement appel à l'épargne ou au crédit*.
— 95, — 19, au lieu de : *concu*, lire : *conçu*.
— 114, dernière ligne, au lieu de : *cassation*, lire : *cessation*.
— 116, ligne 11, au lieu de : *cessation de paiements de dettes* CIVILES, lire : *cessation de paiement de dettes* COMMERCIALES.
— 124, — 30, au lieu de : *art. 2181*, lire : *art. 2281*.
— 126, note 2, ajoutez : *1895.2.105*.
— 129, ligne 5, au lieu de : (*art. 1833, C. civ.*), lire : (*art. 1832, C. civ.*).
— 143, — 20, au lieu de : *connaissance juridique*, lire : *connaissances juridiques*.
— 153, — 7, supprimez le guillemet.

ÉTUDE

SUR LES

SOCIÉTÉS CIVILES A FORMES COMMERCIALES

CHAPITRE PREMIER

DÉFINITION DE LA SOCIÉTÉ CIVILE A FORME COMMERCIALE.

§ 1. — Généralités.

Les sociétés ont pris dans la seconde moitié de ce siècle un développement qui a dépassé toutes les prévisions.

L'utilisation pratique des nombreuses découvertes de la
science exigeait le groupement de capitaux immenses et
un effort continu dépassant de beaucoup les limites d'une
existence humaine. Seules des sociétés pouvaient entre-
prendre et surtout réaliser une telle œuvre.

Le législateur ne devait pas rester indifférent à cette
transformation économique : les lois anciennes ne répon-
daient plus aux besoins nouveaux. Aussi les règles concernant les sociétés ne se trouvent-elles pas réunies dans
un seul Code ; elles font l'objet de diverses lois édictées à
des dates successives au fur et à mesure que des abus
nombreux venaient démontrer l'insuffisance de la législation précédente.

D'abord les articles 1832 à 1873 du Code civil visent spécialement les sociétés civiles : ils sont aussi l'expression du droit commun en matière de sociétés commerciales dans les points qui n'ont rien de contraire aux lois et aux usages du commerce (art. 1873, C. civ.).

Le titre III du livre I du Code de commerce trace à son tour les règles particulières aux sociétés commerciales : ces dispositions ont été modifiées par plusieurs lois postérieures.

La loi du 17 juillet 1856 abrogeant les articles 51 à 53 de ce Code abolit l'arbitrage forcé pour les contestations entre associés.

La loi du 6 mai 1863 modifiant les prescriptions des articles 27 et 28 sur l'immixtion du commanditaire, donna à ces articles une nouvelle rédaction.

En dehors de ces modifications apportées au Code de commerce, les sociétés firent l'objet de plusieurs lois importantes.

Il y a la loi du 17 juillet 1856 sur les commandites par actions : il ne faut pas la confondre avec celle de même date dont on vient de parler.

Il y a aussi la loi du 23 mai 1863 sur les Sociétés à responsabilité limitée.

Enfin fut promulguée la loi fameuse du 24 juillet 1867 abrogeant celle du 17 juillet 1856 sur les commandites par actions et celle du 23 mai 1863 ainsi que les articles 31, 37, 40, 42, 43, 44, 45, 46 du Code de commerce.

Le principe de la liberté des sociétés anonymes dont la loi de 1863 avait fait un timide essai fut alors définitivement proclamé (1).

_____

(1) La loi du 23 mai 1863 dispensait d'autorisation gouvernementale, les sociétés anonymes dont le capital n'excédait pas vingt millions : mais par contre les soumettait pour leur organisation et pour leur fonctionnement à une série de règles restrictives qui avaient pour but de suppléer à la

Mais, ce principe une fois admis, le législateur de 1867 n'a pas perdu de vue les dangers que les sociétés par actions faisaient courir à l'épargne : il ne les a pas laissées libres de se constituer et de fonctionner comme elles l'entendent : au contraire, il leur a imposé des règles minutieuses destinées à protéger les intérêts des actionnaires et des tiers.

Malgré le soin apporté à sa rédaction, cette loi n'était pas complète : à peine en vigueur son application soulevait de graves controverses. Une des questions les plus discutées fut celle de savoir quelle était la situation légale des *Sociétés civiles à formes commerciales*.

On appelait ainsi les nombreuses sociétés qui, tout en ayant pour objet de faire des actes civils, avaient adopté les formes si commodes du Code de commerce au lieu de se constituer « sur le type sans consistance de la Société civile tel que le présente le Code civil » (1) (art. 1832 et suiv.).

Il y avait trois questions à résoudre au sujet de ces sociétés.

1re *Question*. — Une société à objet civil peut-elle légalement revêtir une des formes du Code de commerce ?

2e *Question*. — L'adoption d'une forme commerciale modifie-t-elle le caractère civil de la société.

3e *Question*. — Quel est le régime d'une société à objet civil ayant adopté les formes du Code de commerce ?

Les solutions données par la doctrine et par la jurisprudence étaient loin d'être concordantes. Il y avait là une « incohérence qu'il fallait faire cesser » (2).

---

garantie de l'autorisation du gouvernement. La loi de 1867 s'inspire de cette loi qui elle-même s'inspirait de celle de 1856 sur les commandites par actions.

(1) Thaller, *Traité élémentaire de Droit commercial*, n° 688.

(2) Clausel de Coussergues, rapporteur de la loi de 1893.

La controverse était d'autant plus ardue que le législateur, si complet dans ses prescriptions sur les sociétés civiles ou sur les sociétés de commerce, ne s'est nulle part occupé de ces *Sociétés civiles à formes commerciales*.

La loi du 1er août 1893 a eu pour but de remédier en partie à cet état de choses : nous aurons à voir dans le cours de cette étude, si elle l'a complètement atteint. Cette loi a pour titre « *Loi portant modification de la loi du 24 juillet 1867 sur les Sociétés par actions* ». Elle a modifié non seulement certains articles de cette loi, mais elle y a encore ajouté les articles 68, 69, 70 et 71 et elle contient en outre des dispositions transitoires. Le législateur n'a du reste pas eu la prétention de faire de cette loi le moule définitif et complet de la législation française en matière de société. Le rapporteur au Sénat, M. Thevenet, s'est exprimé ainsi : « Votre commission a pensé que ce projet devait être considéré comme la préface de la Réforme générale des Sociétés : elle l'a examiné en lui maintenant ce caractère et en se préoccupant surtout de l'urgence qu'il présentait. »

Cette urgence existait très réellement en présence de la situation que la jurisprudence faisait aux sociétés civiles à formes commerciales. Nous aurons à examiner en détail son système quand nous étudierons le régime de ces sociétés ; qu'il nous suffise pour le moment de savoir que d'une façon générale les décisions judiciaires ne les soumettaient pas aux dispositions protectrices de l'épargne de la loi du 24 juillet 1867.

Nous venons de dire que trois questions se posaient au sujet des sociétés civiles à formes commerciales : nous examinerons les deux premières sous deux paragraphes distincts : la troisième, celle du régime de ces sociétés sera, vu son importance, réservée pour faire l'objet du deuxième chapitre de cette étude.

§ 2. — Des sociétés à objet civil peuvent-elles légalement revêtir les formes indiquées dans l'article 19 du Code de commerce ?

« La loi reconnaît trois espèces de sociétés commerciales :

La Société en nom collectif ;

La Société en commandite ;

La Société anonyme » (art. 19, C. com.).

Dans la Société en nom collectif, les associés sont solidairement responsables des engagements de la société et non plus seulement comme dans la société civile (article 1863, C. civ.) conjointement et divisément (art. 23, C. com.,).

On ne voit pas sur quelles raisons on pourrait s'appuyer pour refuser à une société civile d'adopter la forme « *en nom collectif* » : « le droit commun permet de traiter une obligation quelconque sous la foi de la solidarité ».

« Il est vrai qu'en matière civile, la solidarité doit être expressément stipulée (art. 1202, C. civ.). Mais, est-ce une solidarité tacite que celle qui résulte d'une entreprise en nom collectif avec une raison sociale ? » (1)

La Société en commandite (C. com., art. 23 et 26) se contracte entre un ou plusieurs associés *responsables* et *solidaires* et un ou plusieurs associés simples bailleurs de fonds que l'on appelle commanditaires. Ces associés commanditaires ne sont passibles des pertes que jusqu'à concurrence des fonds qu'ils ont mis ou dû mettre dans la société.

Dans la Société anonyme, personne n'est en principe indéfiniment obligé ; « *les associés ne sont passibles que de la perte du montant de leur intérêt dans la société.* » (C. com., art. 33).

(1) Thaller, *op. cit.*, n° 612.

On a soutenu que l'adoption de la forme de la commandite ou de l'anonymat par une société à objet civil ne pouvait avoir pour effet de limiter à sa mise la responsabilité du commanditaire ou de l'actionnaire. Cette limitation de responsabilité ne saurait être valablement opposée aux tiers : vis-à-vis d'eux elle est « *res inter alios acta* ». L'associé reste tenu divisément (on n'est plus en matière commerciale) mais à concurrence de sa part, son obligation s'étend sur tous ses biens (art. 1863, C. civ.). Il n'en serait plus ainsi, toutefois, si l'administrateur avait pris la précaution dans chacun des marchés de stipuler, en faveur de ses co-associés, la limitation de responsabilité à une mise énoncée.

Ce système revient à interdire aux sociétés civiles de se constituer dans les formes « en commandite » ou « anonyme » puisqu'il leur refuse le bénéfice principal que ces formes procurent. Il est basé sur l'idée que l'article 1863 du Code civil étant d'ordre public (1), la convention expresse ou tacite des parties est impuissante à y déroger.

Dans une de ses savantes notes au Sirey (S.84.1.361), M. Labbé renverse de fond en comble les bases de cette théorie. L'éminent jurisconsulte prouve qu'en dehors de toute loi spéciale, par le seul jeu des principes du Code civil, un associé peut limiter sa part de responsabilité et, que cette limitation est opposable aux tiers. Voici son argumentation : elle nous semble irréfutable.

L'article 1855 n'a pas de sens s'il ne détermine valablement ce qui est contraire à l'essence de la société, le reste étant permis. Ce texte déclare nulle la stipulation qui affranchirait de toute contribution aux pertes les sommes ou effets, mis dans le fonds social, par un ou plusieurs associés : donc, *a contrario* est valable la stipulation qui af-

(1) Thaller, *op. cit.*, n° 613.

franchirait de toute contribution aux pertes la fortune extra-sociale d'un associé. Qu'on ne vienne pas dire : cet article n'est pas opposable aux tiers : il ne serait alors d'aucune utilité et ses prescriptions seraient illusoires.

Cette interprétation est du reste confirmée par les articles 1862 et 1863 réglant les rapports des associés avec les tiers : d'après ces textes les créanciers n'ont de droit que contre les associés avec lesquels ils ont contracté, soit directement soit par l'intermédiaire d'un mandataire autorisé. Donc si les associés sont restés étrangers à l'acte ou s'ils n'ont pas conféré à leur co-associé le pouvoir de les obliger, on ne saurait les poursuivre ; ils opposeraient la règle « res inter alios acta ».

L'article 1862 n'étant que l'application en matière de société des règles générales du mandat, on ne verrait pas la raison d'exiger que cette clause limitative soit reproduite dans chaque contrat passé avec les tiers. L'article 1862 est ainsi conçu :

« Un associé ne peut obliger les autres, si ceux-ci ne lui en ont conféré le pouvoir. »

L'associé, qui dans le pacte social a borné sa responsabilité à sa mise, n'a certes pas donné pouvoir à l'administrateur de la société de l'obliger indéfiniment sur tous ses biens. Donc en quelques termes que soit conçu le contrat passé avec des tiers, les associés qui ont stipulé l'immunité des pertes au delà de leurs mises, peuvent repousser l'action du créancier : les administrateurs n'avaient pas de pouvoir pour les obliger au delà.

L'article 1863 dit que les associés sont tenus envers le créancier avec LEQUEL ILS ONT CONTRACTÉ chacun pour sa part. Ce texte ne vise donc pas l'associé qui n'a pas figuré au contrat.

L'article 1864 porte que :

La stipulation que l'obligation est contractée pour le

compte de la société ne lie que l'associé contractant et non
les autres *à moins que ceux-ci ne lui en aient conféré le
pouvoir.*

Stipuler l'affranchissement de la personne de l'associé,
n'est-ce point stipuler que l'administrateur n'aura pas le
pouvoir de soumettre personnellement l'associé aux obligations contractées envers les tiers.

Cette interprétation est du reste conforme aux précédents du droit romain et de l'ancienne jurisprudence : en
matière de société, il y était admis que les obligations
envers les tiers naissaient en vertu du droit commun et
des règles du mandat.

On a objecté que la société civile était soustraite au
principe de la liberté des conventions permettant de limiter à volonté le mandat que l'on donne à autrui. Une affirmation aussi grave devrait s'étayer sur les preuves les
plus certaines : la liberté des conventions est la règle générale de notre droit : on ne saurait y apporter des excep-
tions qui ne soient formulées dans un texte formel et ce
texte n'existe pas.

Il faut donc conclure que l'associé n'est pas engagé au
delà du pouvoir qu'il avait donné à l'administrateur.
Une question se présente alors ! Cet administrateur qui
a traité avec le tiers, n'est-il pas, en vertu de l'article 1863,
toujours tenu de sa part virile vis-à-vis des tiers avec qui
il a contracté ?

Il est remarquable que l'article 1854 ne distingue pas
entre l'associé qui administre et celui qui n'administre
pas. Il faut aussi noter que si l'article 1863 donne au tiers
action contre l'associé avec qui il a contracté, il a pu se
faire que l'administrateur n'ait pas contracté en son privé
nom, mais en qualité de mandataire : alors il n'y a pas lieu
d'appliquer l'article 1863 : l'hypothèse est différente et il
faut faire appel aux principes de l'article 1997 du Code civil.

Il se présente une objection grave.

Dans toute obligation il faut deux personnes au moins, un créancier et un débiteur : si tous les associés mettent leur personne en dehors de l'obligation contractée par la société, quelle est la personne du débiteur ? La question est de savoir s'il est de l'essence de l'obligation personnelle d'être indéfinie : en d'autres termes, si on ne peut limiter conventionnellement l'effet de l'article 2092.

Pourquoi pas ? en quoi l'ordre public est-il intéressé à ce qu'un créancier et un débiteur ne pactisent pas ensemble pour limiter le gage du premier.

Ainsi par le seul jeu des principes les associés peuvent limiter leurs risques : c'est ce but qu'ils poursuivent en adoptant la forme de la commandite ou de l'anonymat, il n'y a donc aucune bonne raison de refuser aux sociétés civiles de revêtir les formes du Code de commerce.

La loi du 1ᵉʳ août 1893 est venue trancher cette controverse et elle a confirmé l'opinion générale si bien défendue dans l'argumentation de M. Labbé.

Dans l'article 68 ajouté à la loi de 1867 par la loi nouvelle il est dit :

« *Quel que soit leur objet, les sociétés en commandite ou anonymes qui seront constituées...* »

Ce texte ne laisse plus doute : quel que soit l'objet d'une société, elle peut adopter les formes du Code de commerce. Sur ce point le législateur voulait mettre fin à des incertitudes, il a parfaitement réussi.

§ 3. — L'adoption des formes commerciales modifie-t-elle le caractère civil de la société.

Raisonnons d'abord comme si la loi du 1ᵉʳ août 1893 n'existait pas et demandons-nous si la forme emportera le fond ? si, en revêtant les formes commerciales, la société cessera d'être civile ?

La négative était à peu près généralement admise : une jurisprudence constante soutenue par une doctrine presqu'unanime décidait que pour distinguer une société civile d'une société commerciale, il fallait s'attacher, non pas à la qualification ni à la forme données par les parties à la société qu'elles créaient, mais à l'objet et à la nature des opérations de cette société.

« Qu'appelle-t-on une Société commerciale ? dit M. Labbé — une société constituant une personne commerçante ou dont les membres engagés en nom sont commerçants. Si la société constitue une personne, elle ne peut être dans la classe des commerçants que par la cause qui rendrait toute autre personne commerçante ; donc il y a lieu d'appliquer le critérium de l'article 1ᵉʳ du Code de commerce. Si la société n'est pas une personne, ses membres ne peuvent être traités comme commerçants que pour avoir fait en société des actes de commerce. »

On peut ajouter encore un argument très fort. Peut-on faire un commerçant par sa seule volonté ? Certainement non, ce serait contraire à l'article 6 du Code civil : la qualité de commerçant emporte des conséquences (notamment la faillite) qui doivent être considérées comme touchant à l'ordre public. La volonté des parties ne peut donc faire une société de commerce (1).

L'adoption de ce critérium permettait donc de définir la société civile à forme commerciale :

La société qui se propose de faire des actes civils et qui cependant a revêtu une forme commerciale.

Cette définition n'est plus exacte depuis la promulgation de la loi du 1ᵉʳ août 1893.

Aux termes de l'article 68 nouveau de la loi de 1867 introduit par celle du 1ᵉʳ août 1893 :

---

(1) Bouvier-Bangillon, *Législation nouvelle sur les sociétés*, p. 14.

« *Quel que soit leur objet, les sociétés en commandite ou anonymes qui seront constituées dans les formes du Code de commerce ou de la présente loi seront commerciales et soumises aux lois et aux usages du commerce.* »

Nous avons indiqué dans le paragraphe précédent les raisons qui avaient dicté ce texte. Il résout, nous l'avons vu, la question de savoir si une société pouvait quel que fut son objet adopter les formes commerciales ; ensuite, il détruit en partie l'ancien critérium permettant de distinguer une société civile d'une société commerciale. On en peut conclure qu'il a entendu le laisser subsister pour les sociétés dont il ne s'occupe pas et en a ainsi légitimé l'existence.

Désormais il y aura donc des sociétés à objet civil devenant sociétés de commerce par le seul fait d'avoir adopté certaines formes commerciales.

Quelles sont les sociétés soumises au principe nouveau ?

L'article 68 nomme les sociétés en commandite et les sociétés anonymes : il ne parle pas de la société en nom collectif.

Nous aurons donc deux critériums pour reconnaître si une société est civile ou si elle est commerciale : est-elle en nom collectif ? son objet décidera de son caractère : est-elle en commandite ou anonyme ? la forme emportera le fond, elle sera commerciale quel que soit son objet.

Malgré la clarté du texte de cet article 68 une controverse s'est élevée sur le point de savoir s'il visait à la fois la commandite par intérêt et la commandite par actions, ou s'il était seulement applicable à la commandite par actions.

MM. Lyon-Caen et Renault se prononcent pour l'interprétation restrictive. Les savants auteurs appuient leur opinion : 1° sur l'esprit de la loi dont les rapporteurs à la Chambre comme au Sénat n'ont parlé que des sociétés par actions ; 2° sur le Code de commerce allemand dont s'est inspirée la loi nouvelle : ce Code distingue les sociétés par actions en commandite ou anonymes qui sont commerciales par leur forme indépendamment de leur objet, des autres sociétés (par conséquent de la commandite par intérêt) qui ne sont commerciales que par leur objet.

Ces raisons sont bien faibles pour prévaloir contre un texte aussi net que l'article 68 portant sans faire aucune distinction *les sociétés en commandite.*

« Quand une loi est claire, portait l'article 5 du titre 5 du livre préliminaire du projet du Code civil, il ne faut point en éluder la lettre sous prétexte d'en pénétrer l'esprit. » Sans doute ce livre préliminaire a disparu de la rédaction définitive de notre Code, mais s'il n'a pas force législative, il a force de raison et de bon sens.

« S'écarter du texte *certain* de la loi pour s'en tenir à son esprit qui est douteux, c'est faire prévaloir sur ce qui est ce qui peut être, présumer que le législateur n'a pas su fidèlement traduire sa pensée et substituer le plus souvent à la volonté de celui-ci, celle de l'interprète » (Cassation, ch. crim., 13 juin 1891. Rapport de M. Sallantin). — « Dans un cas cependant l'interprète a le droit et le devoir de s'écarter du sens littéral de la loi : c'est lorsqu'il est démontré que le législateur a dit autre chose que ce qu'il voulait dire, ce qui n'arrive que dans des cas fort rares et ne se présume jamais (1). »

Or, en notre espèce, il n'est pas démontré que le législateur ait dit autre chose que ce qu'il voulait.

M. Thaller, dans son *Traité élémentaire de Droit commercial*, se rallie à l'opinion soutenue par MM. Lyon-Caen et Renault. Il est regrettable que le savant jurisconsulte ne nous donne pas les motifs de sa décision et se borne à affirmer « qu'il paraît plus d'accord avec l'esprit de la

---

(1) Baudry-Lacantinerie et Houques-Fourcade, *Droit civil*, I, p. 250.

loi d'en restreindre les dispositions à la commandite par actions, car c'est des sociétés par actions qu'elle s'occupe par ailleurs » (1). M. Thaller signale cependant l'article 69 où il est question de toute société co mmerciale ; ce faisant, il réfute lui-même son dernier argument.

Nous concluons donc que l'article 68 s'applique indistinctement à toute société en commandite. « Il n'y a pas de distinction à faire là où le texte n'en fait pas (2). »

On ne voit pas du reste en quoi l'esprit de la loi contrarierait cette décision. Que voulait le législateur de 1893 ? faire cesser les incertitudes de la jurisprudence au sujet des *Sociétés civiles à formes commerciales*, et simplifier le critérium ancien, sans doute il a en partie manqué son but en n'établissant pas un critère unique et en ne mettant pas sur la même ligne toutes les formes commerciales : est-ce une raison pour le lui faire manquer encore davantage en introduisant dans son œuvre une nouvelle bizarrerie.

Il faut aussi remarquer qu'il a été formellement entendu que la loi nouvelle n'aurait pas d'effet rétroactif. Le texte de l'article 68 nouveau voté par la Chambre portait « *sont commerciales* ». Le Sénat substitua à ces mots la rédaction « *seront commerciales* ». Le projet de ce même article proposait qu'il fût applicable aux sociétés actuellement existantes ; cette disposition disparut dans la discussion.

Tout ce qui vient d'être dit impose une définition nouvelle de la *société civile à forme commerciale*. Désormais, « *la société civile à forme commerciale sera celle qui se propose de faire des actes civils et qui a revêtu la forme en nom collectif.* »

Cette définition s'applique seulement aux sociétés constituées postérieurement à la loi de 1893 étant donné que cette loi n'a pas visé les sociétés antérieurement formées.

(1) Thaller, *op. cit.*, nº 648.
(2) Bouvier-Bangillon, *op. cit.*

Il existe donc *des sociétés civiles à formes commerciales*.

Ce sont : d'une part celles qui se sont constituées avant la loi de 1893 sous la forme de la commandite, de l'anonymat ou du nom collectif ; d'autre part celles qui se sont constituées depuis sous la forme « *en nom collectif* ».

Le législateur de 1893 ne s'est pas occupé de déterminer le régime qui leur est applicable et sur ce point la controverse existe toujours aussi ardue.

CHAPITRE II

RÉGIME DES SOCIÉTÉS CIVILES A FORMES COMMERCIALES.

La détermination des règles applicables aux sociétés civiles à formes commerciales soulève de graves controverses.

Le législateur ne s'est pas directement occupé du régime de ces sociétés ; aussi, a-t-il fallu que la doctrine et la jurisprudence créassent de toutes pièces un système, en faisant appel aux principes généraux. L'accord est fait sur les bases de ce système : on décide que, les sociétés civiles à formes commerciales, étant des sociétés civiles, il faut les soumettre aux règles de fond de ces sociétés et leur appliquer seulement des lois du commerce ce qui a trait à la forme. Mais quand vient le moment de déterminer quelle prescription concerne le fond, et quelle autre concerne la forme, le désaccord commence dans la doctrine ; et, la jurisprudence devient incertaine.

Une comparaison entre la société de commerce et la société civile s'impose donc ici. Elle fera ressortir les différences profondes qui les séparent et l'importance qu'il y a de déterminer celles des règles de l'une ou de l'autre qu'il faut appliquer à la *société civile à forme commerciale*.

Cela nous conduit à diviser ce chapitre en deux sections.

Dans la première, on comparera la société civile à la société commerciale ; dans la seconde, on essaiera d'établir les règles auxquelles sont soumises les *sociétés civiles à formes commerciales*.

SECTION I. — Comparaison de la société civile et de la société commerciale.

§ 1. — Personnalité morale.

A. — *Théorie classique.*

En matière de société la première question qui se présente est celle de la personnalité.

Quelles sociétés sont des personnes morales? Quelles ne le sont pas? La question est très grave, aussi soulève-t-elle de fort vives discussions.

La théorie de la personnalité nous vient des jurisconsultes romains.

« L'essence de cette conception, dit excellemment M. Vauthier (1), était l'attribution de certains droits dont jusqu'alors l'individu seul était titulaire à quelque chose qui n'est pas un individu. Ce quelque chose dans la pensée des jurisconsultes classiques était une réunion d'hommes, un groupe, une association. Les jurisconsultes avaient admis après quelques hésitations, que des hommes qui se rapprochent pour faire ensemble des opérations déterminées mettent en commun leur volonté. Cette volonté identique chez tous les membres de l'association ou tout au moins chez la pluralité d'entre eux, cesse d'être une qualité propre à chacun d'eux : elle devient le caractère distinctif de l'association qui se forme, elle est le principe dirigeant d'un corps nouveau qui se constitue L'unité d'intention est au fond la seule chose vraiment essentielle : en dehors de cette unité la personne des associés n'a qu'une importance secondaire : chacun d'eux pourrait disparaître, pourvu que ceux qui restent, pourvu qu'un seul

---

(1) Vauthier, *Etude sur les personnes morales* : thèse d'agrégation présentée à l'Université de Bruxelles où l'auteur professe aujourd'hui.

d'entre eux représente encore la volonté commune. Ce qui subsiste, ce qui demeure c'est le corps, l'universalité, c'est l'être distinct dont la vie ne se confond pas avec l'existence de ceux qui le composent. »

Cette création juridique est désignée dans le Droit romain par le mot « *Universitas* » : le droit moderne l'appelle indifféremment une personne morale ou une personne civile.

C'est donc une création de l'esprit, une abstraction par laquelle on confère l'existence attribut essentiel de la personnalité à une réunion d'intérêts : on sépare ainsi ces intérêts mis en commun des intérêts purement personnels des associés et on confère à ce faisceau d'intérêts les droits qui appartiennent à une personne.

« C'est un expédient, une scolastique commode pour expliquer la différence d'impulsion qui agit sur le fonds social et sur les biens propres de l'associé, ainsi que la séparation des patrimoines opérées de part et d'autre » (1).

En effet, on a admis jusqu'ici (2) comme conséquences nécessaires de cette fiction de la personnalité :

a) L'affectation exclusive des biens de la société au gage des créanciers sociaux. Ces biens sortis du patrimoine personnel de l'associé pour entrer dans celui de la société se trouvent naturellement soustraits au droit de gage général des créanciers personnels de cet associé. Par contre, l'associé peut limiter sa responsabilité à l'égard des créanciers de la société, de telle sorte que ces derniers ne puissent poursuivre le paiement de leurs créances sur les biens personnels de l'associé : ce n'est pas en effet le sociétaire qui est personnellement obligé, mais bien la société, être moral ; or, personne n'est tenu de répondre pour autrui.

---

(1) Thaller, *op. cit.*, n° 203.
(2) On verra plus loin les théories nouvelles combattant cette doctrine générale.

b) L'impossibilité d'opposer à la société, la compensation de la dette personnelle d'un associé et réciproquement.

c) La représentation contractuelle et judiciaire de la société par l'un quelconque de ses gérants ou par son conseil d'administration.

d) La nature mobilière du droit de l'associé déterminée par l'article 529 du Code civil.

Il est nécessaire d'entrer dans quelques détails au sujet de ces diverses conséquences.

a) Séparation des patrimoines de l'associé et de la société (1). — La société étant une personne morale, les biens sociaux n'appartiennent pas à l'associé : par conséquent ils ne sont pas le gage des créanciers personnels de l'associé, mais celui des créanciers de la société.

De cette séparation des patrimoines, résulte aussi la possibilité de limiter à sa mise les risques d'un associé dans les pertes de la société. En effet, si l'associé ne limite pas ses engagements à sa mise, il cautionne en quelque sorte l'obligation de la société, il renforce la garantie du créancier social : or, personne n'est tenu de cautionner l'engagement d'une autre personne.

Cette séparation des patrimoines constitue un avantage immense : les tiers, qui traiteront avec la société, lui accorderont d'autant plus facilement crédit qu'ils sauront n'avoir pas à craindre le concours des créanciers personnels de l'associé.

Cette séparation des patrimoines est tellement nécessaire que l'on ne voit pas comment fonctionnerait une société par actions si elle n'existait pas. L'action est normalement et essentiellement *transmissible*, elle est destinée,

---

(1) Nous avons hésité un instant à employer cette expression qui a en droit une signification spéciale. Mais MM. Thaller, Mongin et Salleilles s'en étant servi pour exprimer la même idée, nous avons cru pouvoir suivre l'exemple de ces savants jurisconsultes.

à passer de mains en mains sans que la personne qui l'achète puisse être écartée : on ne considère pas les personnes, on ne connaît que l'argent dans les sociétés de ce genre.

b) *Compensation.* — Dans les sociétés non personnifiées, les créanciers pour cause sociale sont créanciers de chaque associé pour une part virile (art. 1863, C. civ.) et les débiteurs pour cause sociale sont débiteurs de chaque associé.

Il pourra arriver qu'un débiteur pour cause sociale soit créancier personnel de l'associé et aussi qu'un créancier personnel soit débiteur pour cause sociale.

Dans l'un et l'autre cas, la qualité de créancier et de débiteur se trouvant réunies sur la même tête, les deux dettes devraient s'éteindre réciproquement à l'instant « où elles se trouvent exister à la fois, jusqu'à concurrence de leur quotité respective » (article 1290). Par conséquent, si un débiteur pour cause sociale étant créancier d'un associé est poursuivi par la société, il pourra lui opposer la compensation de ce qui lui est dû, jusqu'à concurrence de la part de l'associé dont il est le créancier personnel et réciproquement. Cela apporte de sérieuses entraves au fonctionnement régulier de la société.

Avec la personnalité morale, tous ces inconvénients disparaissent : le patrimoine social est distinct du patrimoine personnel : il y a séparation de dettes, et si dans la société en nom collectif, la dette de la société est dette de l'associé, jamais la dette de l'associé n'est dette de la société.

c) *Représentation judiciaire.*

Une maxime, très anciennement reçue dans notre procédure française, porte que : « *nul en France ne plaide par procureur hormis le roi* ».

Ce brocard est considéré comme ayant encore force de

loi sauf cependant quelques dissidences dans la Doctrine (1). Il signifie que « nul ne peut se faire représenter en justice par un mandataire qui figurerait seul en nom dans l'instance (2). »

Par conséquent en principe si une société a un procès, l'administrateur seul ne pourra pas représenter les associés, ils devront figurer tous en nom dans l'instance, être tous individuellement assignés. Il y a là, dans la pratique, un gros inconvénient.

Cette nécessité forcément cessera si la société est une personne morale. En effet « de ce qu'un corps est une personne intellectuelle il s'ensuit qu'il ne peut pas faire par lui-même tout ce que les corps sont capables de faire, comme contracter, plaider... Il est d'abord de la nature de chaque corps d'avoir un ou plusieurs procureurs par l'organe desquels il puisse faire ces choses (3) ». De la personnalité morale découle essentiellement le droit d'ester en justice par procureur, la loi, qui reconnaît la personnalité, doit admettre toutes les conséquences qui en découlent nécessairement.

C'est ce qu'aurait fait le Code de procédure, art. 69-6°, en permettant d'assigner « *les sociétés de commerce tant qu'elles existent en leur maison sociale et s'il n'y en a pas en la personne ou domicile de l'un des associés* ». Il aurait consacré, d'après l'opinion générale, une conséquence de la personnalité des sociétés commerciales. Nous aurons à apprécier plus loin cette affirmation.

d) Nature du droit de l'associé. — La société personne morale est propriétaire des biens sociaux. C'est sur sa tête que réside le droit de propriété : ce droit sera mobilier ou immobilier selon que la personne morale possèdera

(1) Naquet, *Revue critique de législation*, 1875, p. 638.
(2) Naquet, *op. cit.*
(3) Pothier, *Des personnes.* Œuvres complètes, éd. Dupin, t. 8, p. 85.

des meubles ou des immeubles. Quel sera donc la nature du droit de l'associé, car très certainement il en a un, sur les biens sociaux ?

L'associé a d'abord le droit de prendre sa part dans les bénéfices de la société : c'est le but qu'il s'est proposé en s'associant (art. 1832, C. civ.). Il a ensuite celui d'avoir sa part du partage de l'actif social. C'est là un droit essentiellement mobilier : c'est un droit de créance, l'associé a droit à une somme d'argent.

L'article 529 du Code civil consacre cette théorie ; il range dans les meubles par destination de la loi « *les actions ou intérêts dans les sociétés de finance, commerce ou industrie encore que des immeubles dépendant de ces entreprises appartiennent aux compagnies* » et les répute « *meubles à l'égard de chaque associé seulement, tant que dure la société.* ».

Tels sont les avantages que la personnalité morale confère aux sociétés. On justifie même ce que cette fiction a d'irrationnel, par son utilité pratique. Cette théorie jusqu'ici généralement admise, est actuellement très vivement attaquée. Des auteurs éminents soutiennent que l'on peut sans avoir recours à aucune fiction, accorder aux sociétés tous les bénéfices attachés jusqu'ici à la personnification civile. Deux systèmes ont été présentés avec beaucoup de talent par MM. Mongin et Salleilles. Un troisième système, proposé par M. Hauriou, nie que la personnalité juridique soit une fiction : elle aurait une « existence réelle ». La loi ne la créerait pas, mais se bornerait à en constater l'existence. Nous examinerons ces trois théories quand nous aurons déterminé quelles sont les conditions nécessaires pour qu'une société jouisse de cette personnalité civile.

B. — *A quelles conditions une société jouit-elle de la personnalité morale.*

« Toute personnification étant une fiction, doit être nécessairement en théorie l'œuvre de la puissance publique qui peut seule donner la vie légale à des êtres dépourvus de toute existence réelle (1). »

Dans l'application pratique on conçoit deux systèmes législatifs. Ou bien la personnalité sera acquise de plein droit par la loi à toutes les associations qui rempliront certaines conditions déterminées à l'avance et une fois pour toutes par le législateur. Ou bien chaque association devra demander séparément et spécialement l'investiture de la personnalité.

Quel est le système adopté par notre législation française ?

Nos lois distinguent les personnes morales du droit administratif des personnes morales du droit civil. Les premières ne reçoivent l'existence que par une autorisation spéciale du gouvernement : nous n'avons pas à nous en occuper ici.

Pour les secondes, aucun texte ni du Code civil ni du Code de commerce n'en parle : aussi à défaut de textes positifs proclamant la personnalité de telle ou telle société, ne peut-on l'admettre que lorsqu'on trouve dans les règles établies pour cette société des conséquences faisant présupposer nécessairement l'existence de cette fiction.

Il faut aussi se rappeler qu'en cette matière le législateur du Code civil n'a pas voulu innover, qu'il a entendu maintenir les anciennes traditions.

Il est très important de connaître par conséquent ce qui se passait en ancien droit.

---

(1) Baudry-Lacantinerie et Houques-Fourcade, *Des personnes*, I, n° 296.

Les auteurs italiens eurent la première idée de la personnalité des sociétés commerciales. Les commerçants de ce pays qui s'associaient voulant fortifier le crédit de leurs sociétés cherchèrent à faire des biens sociaux le gage exclusif des créanciers pour cause sociale. Ils comprirent qu'on ne pouvait équitablement opposer aux tiers cette affectation de gage spécial sans les en prévenir. Ils organisèrent un moyen rudimentaire de publicité au moyen de prospectus ou de circulaires.

Straccha nous dit à ce sujet : « *Palam proponebant conditiones et claris litteris ut ab omnibus videri et sciri posset* » (Rot. gen. XIV, n° 12).

Ce même auteur définit la personnalité : « *Societatis est corpus mysticum ex pluribus nominibus assumptum* ».

Plusieurs de ces sociétés italiennes étant venues faire des opérations et créer des établissements en France, les États généraux demandèrent au Roi de les astreindre à la publicité : l'ordonnance de Blois (1579) et le Code Michaud tentèrent sans succès d'organiser cette publicité et de la rendre obligatoire. L'ordonnance du commerce de 1673 reprit et compléta les prescriptions précédentes : elle étendit l'obligation de la publicité a toute société en nom collectif ou en commandite entre marchands, qu'elles fussent formées entre Français ou entre étrangers. L'ordonnance de Blois, comme le Code Michaud ne visaient que les sociétés entre étrangers.

La publicité était donc en ancien droit la condition essentielle pour qu'une société pût bénéficier des avantages de la personnalité.

M. Salleilles met ce point admirablement en lumière dans son *Histoire de la société en commandite* (1). Nous verrons qu'il ne se sert pas du terme de personnalité mais

---

(1) *Annales de droit commercial*, 1895 et 1897, *Histoire de la société en commandite.*

qu'il accorde aux sociétés au moyen d'un *patrimoine d'affectation* les avantages attachés à cette fiction. La société en commandite avait été organisée pour permettre à certains privilégiés d'engager des fonds dans une opération commerciale sans « déroger à noblesse » : seul en effet le complimentaire était connu du public et faisait le commerce en son nom. Cette société était occulte. L'ordonnance de 1673 apporte en cette matière une grave innovation, elle distingua la commandite formée entre commerçants et la commandite formée entre un commerçant et une personne non commerçante.

La première est soumise à la publicité par le moyen de l'enregistrement : aussi jouit-elle de la personnalité entraînant pour elle l'existence d'un patrimoine propre : elle est connue du public ou du moins celui-ci peut la connaître ; par conséquent elle est opposable aux tiers.

La seconde est occulte : le public ne la connaît pas : aussi tout se passe à l'égard des tiers comme si le complimentaire était propriétaire des biens sociaux : ses créanciers personnels viennent sur ces biens en concurrence avec les créanciers pour cause sociale : et ces derniers concourent aussi sur les biens personnels du complimentaire : il n'y a pas *séparation de patrimoine*.

L'ordonnance ne parle pas des sociétés par actions : en effet celles-ci ne pouvaient se former sans une autorisation spéciale du Roi (1) : l'ordonnance autorisant la société lui conférait la personnalité et rendait ses statuts publics.

Ainsi, un arrêt autorisant la fondation d'une compagnie de navigation en 1656 porte que la part d'un associé dans le capital social échappe aux atteintes de ses créanciers personnels (*Anc. lois françaises*, XVII, page 319, Isambert).

---

(1) Vauthier, *Personnes morales*.

L'acte de fondation de la nouvelle compagnie des Indes occidentales, instituée en 1785, porte que le capital de la compagnie est affecté par privilège spécial aux engagements qu'elle contracte, mais qu'en revanche ses administrateurs et ses intéressés ne pourront être poursuivis sur leurs biens propres à raison de ces obligations (arrêt du Conseil, 14 avril 1785, art. 21 et 32 ; *Anc. lois françaises*, XXVIII, p. 19).

Cette liaison de la publicité et de la personnalité se comprend parfaitement : il est en effet équitable et nécessaire que l'existence d'un être moral dont la création va influer sur le droit des tiers leur soit révélée.

« Tous les législateurs ont pensé qu'un signe public devait toujours exister pour révéler la capacité de ceux qui vivent en société. L'homme par le seul fait de son apparition corporelle proclame son titre à la capacité de droit. Lorsqu'au contraire il s'agit d'un de ces êtres d'abstractions n'ayant qu'une existence conventionnelle, il faut un fait visible, un fait qui soit à l'être moral ce que l'acte de naissance est à l'être physique » (Emile Ollivier, *l'Eglise et l'Etat*, I, page 167).

L'ancien droit avait respecté ce principe et le droit moderne n'a pas rompu avec ces traditions.

On peut dire avec M. Salleilles que la première condition de l'existence de la personne juridique c'est la publicité, et que sont des personnes morales toutes les sociétés dont la loi ordonne de faire connaître l'existence au public.

Cela ressort avec évidence de l'article 56 *in fine* de la loi du 24 juillet 1867. Ce texte porte : « *Les formalités prescrites par l'article précédent et par le présent article seront observées à peine de nullité à l'égard des intéressés ; mais le défaut d'aucune d'elles ne pourra être opposé aux tiers par les associés.* »

Les formalités y visées sont les formalités de publicité :
pourquoi l'associé ne pourra-t-il opposer aux tiers le défaut d'aucune d'elles ? parce qu'elles sont prescrites dans
leur intérêt.

Or, si une société n'est pas personnifiée, les tiers n'ont
aucun sujet d'en connaître l'existence puisque la création
d'une telle société n'influe en rien sur leurs droits.

C. — *Théorie de M. Mongin sur la personnalité* (1).

Les grandes lignes du système enseigné par le savant
professeur de l'Université de Dijon avaient été posées par
M. Thiry (2), professeur à l'Université de Liège, dans des
articles très remarqués de la *Revue critique de législation
et de jurisprudence*, en 1854 et 1855.

M. Thiry avait timidement essayé de prouver que les
sociétés dénuées de personnalité ne sont guère plus entra-
vées dans leur fonctionnement que les sociétés personnifiées. M. Mongin reprend son système et soutient très har-
diment que la fiction de la personnalité est inutile et qu'au
point de vue de leur fonctionnement, toutes les sociétés
jouissent des mêmes facultés.

a) D'abord, au point de vue de la séparation des patrimoines : elle résulte selon MM. Thiry et Mongin des seuls
textes du Code civil ; seulement, d'après le premier auteur,
elle cesse à la dissolution de la société parce qu'elle n'existe
que pour en assurer le fonctionnement : d'après le second,
elle survit pour les besoins de la liquidation.

L'armature de ce système est l'article 1860 du Code civil
ainsi conçu :

« *L'associé qui n'est point administrateur ne peut aliéner
ni engager les choses même mobilières qui dépendent de la*

(1) Mongin, *Revue critique*, 1890, p. 697.
(2) Thiry, *Revue critique*, 1854, t. II, p. 412.
— 1855, t. II, p. 289.

ociété. » Il ne saurait donc faire indirectement ce que la loi lui défend de faire directement.

« Cette disposition ne signifie pas seulement que l'associé ne peut aliéner la totalité d'un bien commun, solution évidente, inutile à exprimer : elle implique que s'il a aliéné sa part indivise dans un bien social, l'acquéreur n'aura pas le droit d'exiger que le bien sorte de la masse commune et soit soumis à un partage spécial : le fonds social ne saurait être privé par une semblable aliénation d'aucun de ses éléments constitutifs. Elle implique encore que l'associé ne peut pas conférer à un créancier hypothécaire ou gagiste le droit de saisir un des biens sociaux, de le mettre en dehors de la masse pour se faire attribuer une *quote-part* du prix. Elle implique enfin par voie de conséquence qu'aucun créancier chirographaire de l'associé ne peut exercer un droit semblable : si les actes de disposition les plus complets émanés de l'associé doivent laisser intacte la composition du fonds social, comment une simple dette chirographaire aurait-elle le pouvoir de dépouiller la société (1). »

« En formant leur contrat les associés ont placé certains biens dans l'indivision : ils ont constitué ainsi une masse distincte, un patrimoine qui a son régime spécial, et les conséquences logiques de ce régime donnent au patrimoine une vie propre, à peu près comme s'il appartenait à une personne juridique. » Le droit de saisie des créanciers sociaux découle des pouvoirs que les statuts confèrent aux administrateurs ou aux associés : s'ils peuvent engager le fonds social par certains actes, ils ont en même temps le droit d'engager le fonds social à la sûreté de la créance.

Il y a donc deux classes de créanciers : les uns ayant traité avec la collectivité, ont acquis un droit de gage sur

(1) Mongin, art. cité.

les biens sociaux : les autres n'ayant pas traité avec la collectivité ne peuvent distraire du fonds social un de ses éléments. L'article 2205 du Code civil organise du reste une situation analogue.

Sur tous ces points, tout le monde est d'accord : on reconnaît que l'article 1860 crée une différence entre les créanciers sociaux et les créanciers personnels, mais on controverse pour déterminer le fondement juridique de cet article.

Est-il dicté simplement par des nécessités pratiques, est-ce un droit analogue à celui que le bail fait naître au profit du preneur (art. 1743, C. civ.), le fonds social étant mis à l'abri des poursuites des créanciers personnels, parce que l'intérêt présumé des parties l'exige ? L'article aurait alors un caractère exceptionnel : cette disposition n'existait au reste ni en droit romain, ni en ancien droit.

Ne serait-ce pas une sorte de servitude ? la servitude d'indivision : ainsi interprété l'article 1860 ne serait que l'application des principes généraux sur les droits réels.

M. Mongin croit qu'il faut aller plus loin. L'article 1860 consacrerait bien d'après lui l'existence d'un droit réel au profit des associés : mais ce droit ne serait pas une simple servitude d'indivision, ce serait la propriété elle-même : la suppression du droit d'aliéner édictée contre l'associé non administrateur n'est que l'effet logique de la copropriété indivise. Sous l'état d'indivision, en effet, le droit de chaque propriétaire se trouve diminué, limité dans ses prérogatives par le droit non moins puissant appartenant aux autres et c'est le droit ainsi diminué qui peut seul être transmis aux ayants cause. La copropriété confère à chacun le droit d'exiger que les biens restent dans le patrimoine collectif pendant tout le temps fixé par la convention ou par la loi : elle rend inutile donc le droit de disposition attaché à la propriété ordinaire : les associés qui ont mis des

biens en société pour un certain temps n'ont pas seulement contracté l'obligation personnelle de les laisser en
commun, ils ont organisé pour la propriété elle-même une
nouvelle situation juridique. Ils ont créé au profit de la
masse un droit qui est désormais à l'abri des actes individuels.

L'article 1860 est l'application pure et simple de ces
principes (1).

Un des avantages de la personnalité, c'est qu'elle survit
pour les besoins de la liquidation ; peut-on en dire autant
du droit de préférence accordé par M. Mongin aux créanciers sociaux ?

En admettant la base juridique qu'il donne à l'article 1860, on est conduit à répondre par l'affirmative. Les
saisies provenant des créanciers personnels sont écartées
jusqu'à ce que la liquidation et le partage général soient
terminés : jusque là, il existe une copropriété empêchant
qu'un bien ne soit enlevé à la masse du fait d'un associé.
Après le partage, le bien, qui était autrefois social, se
confond dans le patrimoine de chaque associé avec ses
autres biens : il est indistinctement le gage des créanciers
quelle que soit leur origine.

M. Mongin écarte ici l'opinion de Laurent qui voudrait
admettre les créanciers personnels à concourir sur le prix
parce que le prix prend un caractère juridique différent.
Il fait remarquer avec raison que c'est d'autant plus inexact
que l'article 1832 du Code civil dit *mise en commun dans
le but d'en partager les bénéfices* : c'est donc *sur sa part de
bénéfice* que l'associé a droit, non sur tel bien déterminé
— mais on ne peut savoir quel est le bénéfice que lorsque
les créanciers sociaux sont payés. Le prix de vente reste
dans le fonds social à la place de l'objet vendu — qu'importe qu'il le soit à la requête d'un créancier, s'il y a

(1) Mongin, article cité.

excédent, cet excédent appartiendra à la société. — Un
partage seul peut rendre le prix de vente propriété personnelle de l'associé. « Ne serait-ce pas étrange qu'il soit subor-
donné à l'existence d'un créancier personnel que le prix
de vente reste indivis ? » (1)

« La logique et la saine interprétation de l'article 1860
conduisent forcément à reconnaître au profit des créanciers
sociaux un droit de préférence complet s'exerçant jusqu'à
l'achèvement des opérations du partage : droit qui leur
réserve à la fois la prérogative exclusive d'opérer une
saisie et la faculté d'employer à leur profit la totalité du
prix de vente. L'indivision portant sur une masse, sur un
ensemble de biens produit ici le même résultat que la
fiction de la personnalité (2). »

b) *Compensation. Premier cas.* — Un tiers se trouve
débiteur de la société et créancier personnel d'un associé.
S'il n'y a pas de personnalité on soutient en général que
la compensation s'opère (art. 1289, C. civ.), puisque la qualité de créancier et de débiteur existent sur la même tête.

M. Mongin fait remarquer que cette doctrine va directement à l'encontre des prescriptions de l'article 1860 du
Code civil. Opérer la compensation équivaudrait à une sorte
d'aliénation forcée, à une mainmise sur le bien social.

Deuxième cas. — Tertius, créancier de la société, est débiteur personnel de l'associé **Primus**.

En l'espèce, en faisant valoir sa créance contre Primus,
Tertius n'apporte aucune diminution du fonds social, il
n'atteint que le patrimoine de l'associé.

M. Mongin reconnaît qu'il est difficile d'empêcher la
compensation de se produire, mais il trouve que la raison
est froissée du manque de parallélisme entre les deux
situations et il se demande si on ne pourrait l'écarter

(1) Mongin, article cité.
(2) Mongin, article cité.

par analogie avec la société en nom collectif dans laquelle il n'y a pas compensation dans l'hypothèse identique même d'après les auteurs qui refusent à l'associé le bénéfice de discussion. Par esprit d'équité, on subordonne l'action contre l'associé en nom collectif à une mise en demeure faite préalablement à la société. Pourquoi ne pas admettre cette mise en demeure au profit des sociétés non personnifiées? Une clause expresse en ce sens serait valable : pourquoi ne pas la sous-entendre?

« L'intention expresse ou présumée des parties en obligeant le créancier à mettre en demeure tout d'abord la société, lui enlève le droit de compenser partiellement sa dette envers l'associé avec la créance qu'il possède contre la société » (1).

c) *Représentation judiciaire.* — L'article 61 du Code de procédure civile exige que l'exploit d'ajournement contienne les noms, professions et domicile du demandeur et les noms et demeure du défendeur. On voit quelles difficultés soulève l'application de cette prescription en matière de société non personnifiée. Il peut se faire que le demandeur contre la société ne connaisse pas tous les associés ayant seulement traité avec le ou les administrateurs. Si la société est demanderesse il faudra nommer dans l'exploit tous les associés : la liste peut en être longue.

L'article 69-6° du Code de procédure a remédié à cet inconvénient pour les sociétés commerciales : il les a exemptées des formalités de l'article 61 du même Code : il suffit que ces sociétés soient assignées en leur maison sociale ou s'il n'y en a pas en la personne de l'un des associés. Mais le Code ne parle pas des sociétés civiles; si elles sont des personnes morales, pas de difficulté, il est de l'essence de la personne morale de pouvoir plaider par procureur : mais

_____

(1) Mongin, article cité

si ces sociétés ne sont pas des personnes morales, l'article 61 du Code de procédure doit être appliqué.

Toutefois comme la maxime « nul ne plaide par procureur... » à supposer qu'elle soit encore en vigueur (1) n'est pas d'ordre public, la jurisprudence admet qu'on peut renoncer à l'invoquer même par avance, antérieurement à tout procès. Cette renonciation existe par le seul fait que les statuts donnent pouvoir à l'un des associés de demander et de défendre au nom de la société. Les tiers qui traitent avec une société sont censés en connaître les statuts et en accepter la teneur : ils sont par conséquent censés avoir renoncé à se prévaloir de l'article 61 du Code de procédure.

Cassation 25 juin   1866, S. 66.1.358
— 20 juillet   1878, S. 80.1.89
— 19 février 1884, S. 86.1.69
— 17 janvier 1890, G. P. 6 mars 1890.

M. Mongin adopte la théorie de la jurisprudence et il en conclut que sur ce point encore la personnalité n'est pas nécessaire pour faciliter le fonctionnement d'une société.

d) Nature du droit de l'associé. — L'article 529 du Code civil attribue le caractère *mobilier* aux *actions et intérêts* dans les *compagnies de finance, commerce et industrie* : on s'accorde depuis longtemps à décider que cette énumération désigne uniquement les sociétés, personnes morales ; que le caractère mobilier du droit est une conséquence attachée d'une façon exclusive à la fiction de personnalité. Si vous supprimez l'être moral propriétaire des biens sociaux, chaque associé a un droit de copropriété qui porte directement sur les divers biens composant le fonds social et qui est mobilier ou immobilier suivant la nature de ces biens, En combinant cette idée avec le principe de l'effet rétroactif du partage, on arrive à constater que, dans les sociétés

---

(1) *Contrà* Naquet, article cité.

dénuées de personnalité, le caractère du droit est tenu en suspens jusqu'au moment du partage : il sera déterminé rétroactivement par la nature des biens qui tomberont au lot de l'associé.

M. Mongin critique très vivement cette théorie classique :

1° à cause de ce long provisoire contraire aux besoins de la pratique ;

2° parce que le droit de l'associé sur le fonds social, dans les sociétés personnes morales, ne s'efface pas complètement devant celui de l'être social.

Il y a dans l'*action* et l'*intérêt* deux choses : le droit aux bénéfices et le droit au partage né et actuel dès que le contrat est parfait, existant *durante societate*, mais retardé dans ses effets par un terme.

Quelle est la nature de ce droit au partage pendant l'existence de la société ?

Des auteurs pour le concilier avec le droit de propriété qui appartient à l'être moral décident qu'il constitue un droit de créance et comme la créance a pour objet non pas le corps certain mais bien le fonds social considéré *in genere*, une universalité composée de choses fongibles, on s'explique facilement qu'elle ait un caractère mobilier. M. Mongin repousse cette théorie parce qu'elle ne se concilie pas avec les effets qui se produisent au moment où le droit entre en action.

Lorsqu'un associé demande le partage après la dissolution de la société, se présente-t-il comme créancier ? invoque-t-il vraiment une dette de la société envers lui, réclame-t-il paiement à ce débiteur dont la personne vient de disparaître : il est bien évident qu'il agit à un tout autre titre : il se présente comme copropriétaire du fonds social et c'est comme tel qu'il réclame le partage de la masse commune. Son droit de copropriété est si bien reconnu, qu'on décide que l'effet rétroactif du partage remonte à la dissolution de la société ; on n'applique pas sous ce rapport la fiction suivant laquelle la société reste personne morale pour les besoins de la liquidation : pareil effet suppose nécessairement la qualité de copropriétaire. « Si l'associé est ainsi investi de la propriété dès l'instant de la dissolution, son droit a forcément le même caractère pendant l'existence de la société. Conçoit-on en effet que le droit change de nature par le seul fait de la disparition de l'être social, qu'une simple créance se transforme *ipso jure*, sans aucun paiement, sans aucune tradition en droit de propriété ? Il est vrai que les créances portant sur des corps certains transfèrent de plein droit la propriété : mais ici la prétendue créance porte sur un ensemble de biens, sur des choses fongibles : la règle ne saurait donc s'appliquer. Ainsi, il est impossible d'admettre que l'associé soit simple créancier pendant la durée de la société : l'idée d'une créance mise en avant pour concilier le droit individuel avec le droit de l'être se trouve impuissante à fournir une explication : on est conduit par la logique à reconnaître au profit de l'associé un véritable droit de propriété qui n'est que masqué par les droits de l'être moral (1). »

Il est à remarquer que dans les travaux préparatoires le seul rapport de Goupil au Tribunat rattache cette disposition à l'idée de personnalité.

Si on n'accepte pas l'ancienne théorie, que veut dire l'article 529 ? M. Mongin répond : « Il consacre au profit de nombreuses sociétés un bénéfice légal, justifié par la nature des droits en présence. L'associé a un double droit : droit aux bénéfices, droit de copropriété sur les biens sociaux. Il fallait qu'un des deux éléments l'emportât dans la qualification du droit total de l'associé. La loi a cherché quel élément jouait le rôle principal dans les

---

(1) Mongin, article cité.

considérations des associés lorsqu'ils ont fait leur contrat.

De là une distinction parfaitement logique.

Dans certaines sociétés : l'associé cherche surtout le partage des bénéfices, le dividende : il considère moins le fonds que les fruits qu'il produira. L'élément dominant a ici un caractère mobilier : rien de plus rationnel que d'étendre ce caractère au droit tout entier ; les biens sociaux qui sont relégués au second plan et n'apparaissent que comme les instruments de l'entreprise ne doivent pas déterminer la nature du droit. A ces sociétés s'applique l'article 529. Ce n'est donc pas la personnalité civile qui influe sur le caractère du droit, c'est l'intention des associés, qui doit être prise en considération.

Il existe d'autre part des sociétés dans lesquelles le but principal des associés est de devenir propriétaires d'immeubles, d'opérer un placement immobilier, analogue à celui qu'opérerait un individu isolé, l'article 529 ne sera pas applicable au droit de l'associé.

e) Examen critique de la théorie de M. Mongin.

Séparation des patrimoines. — La théorie de M. Mongin sur ce point ne nous paraît pas pouvoir être acceptée, en l'état actuel de notre législation. Le savant maître affirme que l'article 1860 a créé un droit réel, mais il ne le prouve pas.

Les droits réels sont limitativement déterminés par la loi : il résulte de l'ensemble des dispositions du livre II du Code civil qu'on n'en peut créer à volonté. Sans doute on conteste cette affirmation, mais en contestant on ne prouve pas.

Il serait étrange que le législateur qui a déterminé les droits réels, qui a édicté un ensemble de dispositions d'où il appert qu'on n'en peut créer à volonté, ait été cacher au milieu de dispositions concernant les sociétés, un article créant un droit réel que l'ancien droit n'avait pas connu.

L'article 1860, c'est remarquable, ne s'applique qu'aux rapports des associés entre eux : il est en effet placé sous cette rubrique dans la section I du chapitre III du titre IX.

Sans doute, il apporte une innovation à l'ancien droit qui ne permettait pas d'opposer aux tiers l'existence de la société : mais c'est une innovation semblable à celle apportée par l'article 1743 en matière de louage : innovation basée sur un motif d'utilité pratique.

Le texte de l'article 1860 a été copié sur le n° 89 de Pothier dont on a simplement supprimé les mots « *si ce n'est pour sa part* », suppression bien significative.

L'article 1860 ne diminue pas le gage des créanciers personnels : ce droit porte aussi sur la part du patrimoine du débiteur mise en société : mais si les créanciers veulent exercer ce droit de gage, ils sont forcés d'attendre la dissolution de la société. C'est une situation analogue à celle de l'acquéreur d'un immeuble auquel on oppose un bail ayant date certaine ou par acte authentique : il est obligé par l'article 1743 du Code civil de respecter le droit du preneur : cependant on n'a jamais prétendu que ce dernier eût un droit réel sur la chose louée.

2° *Compensation.* — Nous croyons inattaquable la théorie de M. Mongin sur la compensation dans l'hypothèse où un tiers se trouve débiteur de la société et créancier personnel d'un associé. Si la compensation s'opérait, ce serait en violation de l'article 1860. Les prescriptions de ce texte spécial à la société dérogent à la règle générale posée dans l'article 1289 du Code civil : *specialia generalibus derogant*.

Mais on ne peut accepter la solution qu'il propose dans l'hypothèse où Tertius, créancier de la société, est débiteur personnel de l'associé Primus. En faisant valoir sa créance, Tertius n'entrave pas le fonctionnement de la société. Un manque de parallélisme n'est pas un argument juridique et le système proposé est purement arbitraire.

3° *Représentation judiciaire.* — Ici il n'y a aucune critique à faire.

4° *Nature du droit de l'associé.* — Le système de M. Mongin, très ingénieux, verse absolument dans l'arbitraire. Il soulève d'énormes difficultés pratiques sur le point de savoir ce que l'associé a cherché principalement, en contractant. Il résiste en outre au texte de l'article 529 qui dit sans aucune distinction : « *sont meubles par la détermination de la loi les actions ou intérêts dans les compagnies de finance, de commerce ou d'industrie* ».

D. — Théorie de M. Salleilles.

Dans ses articles très documentés et très intéressants sur l'histoire de la commandite (1) M. Salleilles examine la question de la personnalité des sociétés. Il reconnaît avec tout le monde qu'en matière de personnalité le Code civil et le Code de commerce n'ont pas innové, mais entendu maintenir une coutume et des traditions séculaires.

Cela posé, le savant professeur cherche à établir par l'histoire de la société en commandite, que la conception actuelle qu'ont les jurisconsultes de la personnalité est tout à fait différente de celle que l'on avait en ancien droit.

« C'est le droit moderne, dit-il, qui a fait de la personnalité civile une qualité juridique qui s'est détachée de l'idée de corporation pour devenir une forme abstraite, une manière d'être de la propriété, une conception patrimoniale dont l'État se réserve le monopole et qu'il concède à qui il veut.

« Le droit moderne a cru à tort que la personnalité était indispensable pour expliquer toute séparation de patrimoine, toute constitution d'un patrimoine fonctionnant en

---

(1) Salleilles, Histoire de la commandite, *Annales de droit commercial*, 1894, p. 10 et 49 ; 1897, p. 29.

toute indépendance en dehors des différents patrimoines individuels. »

Pour M. Salleilles il y a là une immense erreur et puisqu'on s'accorde à reconnaître que le Code civil et le Code de commerce n'ont pas introduit d'innovations en matière de personnalité, il demande de « revenir à une conception qui fut la nôtre, que le Code civil a recueilli et qu'il a entendu conserver ».

Voici quelle était cette conception. — Il n'y a pas en ancien droit de *liberté d'association* : aucune association ne peut exister sans l'autorisation administrative (1), mais lorsqu'elle est donnée, *elle confère à la fois à l'association et l'existence et la personnalité.*

« La personnalité n'est pas quelque chose de distinct de la corporation : là où la corporation existe, elle existe avec tous ses attributs : donc avec la personnalité qui la caractérise et si l'autorisation administrative est exigée ce n'est pas proprement à l'effet de conférer la personnalité, mais pour autoriser l'existence de la corporation. »

Que faut-il entendre par corporation ? « Toute collectivité ayant une organisation juridique et administrative telle que les unités réelles qui la composent restent en quelque sorte ignorées au point de vue du droit, sans qu'il y ait à s'occuper par conséquent de la personnalité de ceux qui en sont comme les éléments, vivants il est vrai, mais variant sans cesse par voie de substitution de personnes, est une corporation au sens juridique du mot (2). »

Cette corporation en ancien droit ne pouvait exister sans l'autorisation du Roi.

La société par actions est une corporation : par suite elle a la personnalité morale. Elle ne pouvait se former qu'avec

---

(1) C'est aussi la théorie de M. Vauthier.
(2) Salleilles, art. cité.

l'autorisation du Roi et cette autorisation, en lui conférant l'existence, lui conférait par là même la personnalité.

La société en commandite ne répond pas à la définition qui a été donnée de la corporation, comment fonctionnait-elle en ancien droit ? comment expliquait-on la séparation entre le patrimoine personnel de l'associé et le patrimoine social ?

M. Salleilles soutient qu'*il était admis par l'ancien droit qu'un individu pouvait, par voie d'affectation volontaire, soustraire une port de ses biens au gage de ses créanciers.*

« Et au fait, dit-il, pourquoi ne le pourrait-il pas ? il peut bien le faire par voie d'aliénation : l'affectation à une destination exclusive, vaut aliénation. »

Le patrimoine de la société constitue une simple copropriété ; mais cette copropriété ne ressemblait en rien à celle du droit romain : loin d'en avoir les effets, elle produisait au contraire des résultats à peu près analogues à ceux de la personnalité.

M. Salleilles appuie ces affirmations du texte de l'ordonnance de 1673. Il en ressort d'après lui pour la société en commandite :

1º Qu'elle n'est pas considérée comme un tout formant une entité distincte de ceux qui la représentent : elle s'incarne dans la personne du *complimentaire.*

2º Vis-à-vis des tiers le *complimentaire* agit seul en son nom : les tiers ne connaissent que lui et n'ont pas suivi la foi des associés, qu'ils sont censés ne pas connaître. Si cependant ceux-ci sont engagés jusqu'à concurrence de leurs mises, c'est que les tiers connaissent approximativement au moins le capital dont dispose le *complimentaire.*

Quelle est la base juridique de cette séparation de patrimoine ?

M. Salleilles répond « ce patrimoine n'est séparé et divisé des autres que parce qu'il a une *affectation spéciale.*

Il est affecté aux entreprises commerciales pour lesquelles il a été constitué : donc il ne peut être employé qu'à sa destination. D'où ces deux conséquences :

1° Qu'il est impartageable tant que dure la société et que par suite les coassociés copropriétaires n'ont plus droit au partage.

2° Qu'il est indisponible aux mains de ceux qui ne sont pas gérants ou *complimentaires* de la société, puisque la disposition en appartient à celui-là seul qui gère l'entreprise à laquelle le patrimoine est affecté.

La conclusion de M. Salleilles est, répétons-le, que le *droit moderne a eu tort de croire que la personnalité était indispensable pour expliquer toute séparation de patrimoine,* toute constitution d'un patrimoine distinct fonctionnant en toute indépendance à côté ou en dehors de différents patrimoines, individuels.

Le savant auteur reconnaît qu'on aboutit ainsi, avec le patrimoine d'affectation, au même résultat qu'avec la personnalité, mais il considère que la distinction a une grande importance au point de vue de la rectitude des idées juridiques.

Ecrivant l'histoire de la société en commandite, M. Salleilles, et c'est bien regrettable, ne nous donne pas son opinion sur la personnalité de la société *en nom collectif* en ancien droit.

Il ne s'explique pas non plus sur le caractère mobilier du droit de l'associé.

Examen critique du système de M. Salleilles.

Le système de M. Mongin peut se qualifier d'exégétique : il est basé sur une argumentation de textes. Celui de M. Salleilles procède de l'histoire : c'est un système historique. Il a surtout une portée théorique : il veut expliquer sans personnalité les principaux avantages attachés par la majorité des jurisconsultes à cette fiction de la loi.

Faut-il suivre M. Salleilles dans cette voie, nous ne le croyons pas. Son système ne nous paraît pas assez solidement établi pour bouleverser tout notre vocabulaire juridique.

Il y a une querelle de mots : ce que nous appelons *personne morale* le savant professeur l'appelle *patrimoine d'affection*.

Admettons qu'au début l'idée de personne fictive ne se soit pas dégagée en matière de sociétés : admettons que cette idée soit le résultat d'une évolution progressive dans les conceptions juridiques : cette idée constitue certainement un progrès et ce serait reculer que la bannir. M. Salleilles ne veut pas que la codification entrave le développement des idées juridiques (1) ; ici il semble rompre avec son système en prêchant le retour en arrière.

Du reste le système de M. Salleilles est contraire aux textes les plus formels du Code civil.

L'article 2093 porte : « *Les biens du débiteur sont le gage commun de ses créanciers : et le prix s'en distribue entre eux par contribution, à moins qu'il n'y ait entre les créanciers des causes légitimes de préférence.* »

L'article 2094 nous dit ensuite : « *Les causes de préférence sont les privilèges et les hypothèques.* »

Il n'est pas au pouvoir de l'interprète de créer des causes de préférence et le système de M. Salleilles donne un droit de préférence aux créanciers sociaux. Cette objection est écartée avec la personnalité morale distincte de la personnalité des associés.

Cette argumentation de texte révolte M. Salleilles.

« Autant dire alors, s'écrie-t-il, que la propriété est de pure création légale et qu'elle ne peut exister que conformément au moule légal : voilà certes qui ferait trop beau

---

(1) Voir son article sur l'*Histoire de la Société en commandite*, *in fine*.

jeu aux socialistes : qui oserait prétendre que ce fut la doctrine du Code civil. »

En législation le savant professeur pourrait avoir raison, en l'état actuel de nos lois on ne saurait le suivre à l'encontre de textes formels.

Nous croyons donc devoir nous en tenir à la théorie classique qui regarde la *personne morale* comme une fiction de la loi.

L'adoption du système de M. Salleilles aurait en outre ce résultat de compliquer singulièrement la matière. Le savant professeur ne nous a pas fait connaître ses idées sur la société en nom collectif : il ne nous dit pas si elle a un patrimoine affecté ou si elle jouit de la personnalité morale.

La question se pose également pour les sociétés par actions depuis que la loi de 1867 a supprimé la nécessité de l'autorisation gouvernementale.

Cette autorisation leur conférait à la fois l'existence et la personnalité d'après les théories de l'ancien droit maintenues dans le droit moderne, au dire de M. Salleilles, aujourd'hui ces sociétés peuvent-elles jouir de la personnalité morale?

On voit la difficulté d'application du système proposé.

Ce système est incomplet. Si on le rapproche de celui proposé par M. Mongin, on constate que les deux jurisconsultes ont par des moyens différents cherché à faire bénéficier toutes les sociétés des avantages attachés à la personnalité. Considérant que dans l'état de notre législation il était impossible d'étendre cette fiction hors des cas prévus par la loi, ils ont voulu prouver qu'elle n'était nullement nécessaire pour permettre à une société non personnifiée de fonctionner comme une société personnifiée : trouvant que l'ingérence de l'Etat dans des intérêts privés est abusive, ils ont voulu l'écarter en écar-

tant la cause qui la motivait. Pour cela M. Mongin a employé des arguments de texte et M. Salleilles a fait appel
à l'histoire. Voici maintenant un autre système qui, s'ap-
puyant sur des données de haute philosophie, va encore
plus loin dans cette voie et refuse à l'Etat le droit de créer
la personne morale parce qu'elle existerait indépendamment de tout examen de sa part. Ce système a été exposé
par M. Hauriou dans la *Revue générale de droit, de législ-
lation et de jurisprudence* (1). »

E. — *Théorie de M. Hauriou* (2).

MM. Salleilles et Mongin cherchent à prouver qu'une société peut avoir une existence opposable aux tiers sans
qu'il soit nécessaire de recourir à la fiction de la personnalité. M. Hauriou dissèque les éléments de cette personnalité pour arriver à en connaître la nature. Il arrive à
conclure que la personnalité n'est pas une fiction, mais
« *a une existence réelle* ».

Gierke a, le premier en Allemagne, soutenu cette théorie. D'après lui : « la personne morale n'est pas une fiction
de la loi, c'est un être collectif réel, doué comme la personne humaine de la capacité naturelle de vouloir et d'agir
La loi ne la crée pas : elle se borne à en reconnaître et à
en légaliser l'existence. Le fondement même, la raison
d'être de cette existence, c'est la naissance d'une volonté
collective, elle peut bien en fait se refuser à la reconnaître, comme elle a pu à d'autres moments de la civilisation
se refuser à reconnaître la personnalité de l'esclave, elle
peut, pour des motifs d'intérêt général, la limiter ou la pro-
hiber. Cela n'empêche pas qu'elle n'existe par elle-même

---

(1) Année 1898, p. 1 et p. 119. De la personnalité comme élément de réalité sociale.
(2) Voir *appendice*. Théorie nouvelle de M. Hauriou.

indépendamment de toute reconnaissance légale (1). »

M. Hauriou se sépare de Gierke au sujet du fonctionnement de la personne morale : « La difficulté, dit-il, est de situer dans la personne morale la capacité de l'exercice des droits. Cette capacité les partisans de la fiction prétendent ne pouvoir l'expliquer que par une création de la loi, elle résiderait dans les représentants uniquement, et la représentation serait organisée par la loi, donc elle serait purement fictive. A cette affirmation l'école de Gierke oppose cette dénégation : il n'y a pas de représentation dans l'organisation des personnes morales : les personnages que l'on appelle d'une façon abusive représentants sont en réalité des *organes* : ils ne sont pas plus représentants que la main et le bras ne sont représentants du corps. La main et le bras sont des organes du corps, le corps agit en eux et par eux, les deux sont inséparables : il en est de même des organes de la personne morale. Ainsi est assurée l'unité de volonté entre la personne morale et l'organe et dès lors il n'est pas surprenant que la personne morale ait la capacité de l'exercice des droits (Willens-und Handlungsfähigkeit). Cette capacité est dans l'organe et par là même se communique à la personne morale. Outre que c'est peut-être là confondre le point de vue subjectif avec le point de vue objectif, cette théorie organiciste conforme au génie allemand répugne au génie français plus individualiste... nous avons besoin de pénétrer plus avant et d'expliquer par le jeu des volontés individuelles, la genèse des personnes morales. Or il ne saurait y avoir ici jeu de volontés individuelles que par le mécanisme de la représentation. Au lieu de nier la représentation, ce qui est d'ailleurs bien difficile, alors qu'en fait toutes les collectivités l'admettent dans leur constitution ou dans leurs statuts, il n'y a qu'à restituer à

---

(1) Gierke cité par Michoud, De la responsabilité de l'État. *Revue du droit public*, 1895, tome 1, nos 3 et suiv.

celle-ci sa réalité sociale. Aux romanistes et aux civilistes qui disent « les personnes morales n'ont la capacité de l'exercice des droits qu'en vertu d'une fiction, car elles n'agissent que par représentants et la représentation est fictive » il faut répondre : les personnes morales n'agissent que par représentation, c'est vrai, mais cette représentation est réelle, d'une réalité sociale : par conséquent la capacité de l'exercice des droits n'est pas fictive en elles (1). »

La théorie de M. Hauriou ne saurait apporter de lumière au point de vue des controverses dans lesquelles nous aurons à prendre parti au sujet de la personnalité : son adoption appellerait un système de législation différent de celui qui nous régit et le savant penseur ne dissimule pas qu'il appelle de tous ses vœux une réforme législative conforme à ses idées.

« S'il en est ainsi, dit-il, notre droit public est à remanier : il faut contraindre l'Etat puissance publique à renoncer au droit de conférer et de retirer la personnalité aux associations et aux établissements. »

Tout au contraire les systèmes préconisés par M. Mongin et par M. Salleilles avaient une grande importance pour déterminer quelles sociétés sont des personnes morales et quelles ne le sont pas. — Ils conduisent, nous le savons, à faire bénéficier toutes les sociétés des avantages attachés à la personnalité : on hésite devant le mot, mais on ne recule pas devant la chose.

Dans une note sous cassation (Req., 23 fév. 1891) (2), M. Mongin reconnaît lui-même qu'il n'y a aucun inconvénient à aller jusqu'aux dernières conséquences de son système, c'est-à-dire à user du terme de personnalité. M. Salleilles (3) ne l'a pas suivi et maintient son expression de

(1) Hauriou, article cité.
(2) *Pandectes françaises*, 1892, 1, 97.
(3) Salleilles, article cité, *in fine*.

« *patrimoine d'affectation* ». Nous ne voyons pas bien l'intérêt pratique de ce qui nous paraît ressembler fortement à une querelle de mots.

F. — *Les sociétés civiles sont-elles des personnes morales ?*

Nous ne le croyons pas : elles ne l'étaient pas dans l'ancien droit et nous savons qu'il a été maintenu sur ce point.

Nous ne les voyons pas soumises par le législateur à des formalité de publicité, et, sans publicité, il n'y a pas de personnalité, nous espérons l'avoir démontré.

La société civile n'a pas d'organisme ou de vie extérieure. « Elle n'existe pas pour les tiers, elle est un simple contrat (1). »

Rien dans les textes ne présuppose la personnalité de ces sociétés par les conséquences tirées nécessairement de cette fiction.

Nulle part on ne voit que le législateur ait accordé un droit de préférence aux créanciers sociaux sur les biens de la société. S'il a permis aux sociétés commerciales (art. 65-6°, C. proc.) de plaider par procureur, il n'a pas parlé des sociétés civiles.

Enfin la tradition a toujours interprété l'article 529° comme visant uniquement les sociétés commerciales. Troplong combat cette idée :

« La division du capital par actions et la détermination de la loi qui les fait meubles pendant la durée de la société ne sont pas particulières aux sociétés de commerce. Je sais qu'un préjugé courant s'imagine que l'industrie civile ne peut mobiliser par des actions les immeubles qu'elle met en société (S. 41.2.482), mais le plus léger examen suffit pour faire justice de cette erreur. L'article 529 du Code civil se sert d'expressions très larges qui embrassent toutes les opérations quelconques de l'industrie,

(1) Thaller, *op. cit.*

toutes les opérations suggérées par les intérêts civils ou commerciaux. Ces mots « *compagnies de commerce* ou *d'industrie* » ont cette portée, car l'industrie n'est pas nécessairement commerciale. »

Si le législateur avait réellement entendu dans l'article 529 viser les sociétés civiles, il n'eût pas cru nécessaire, voulant mobiliser les *actions* ou *intérêts* des sociétés de mines, de le dire expressément dans l'article 8 *in fine* de la loi du 21 avril 1810.

En effet exceptionnellement, les sociétés minières sont des personnes morales, quoique l'industrie des mines ne soit pas une industrie commerciale.

La mine est immeuble et le droit des actionnaires de la mine est mobilier : il faut que le droit immobilier de propriété soit fixé sur une tête : ce ne peut être que sur celle de la personne morale.

La théorie qui refuse la personnalité aux sociétés civiles sauf aux sociétés de mines est aujourd'hui adoptée par presque tous les auteurs.

La jurisprudence semble définitivement établie en sens contraire. Jusqu'ici elle avait successivement accordé aux sociétés civiles les prérogatives attachées à la personnalité, mais elle avait évité de se prononcer sur la question de principe. Ainsi par un arrêt de cassation du 8 novembre 1836, il avait été déclaré que la société civile est un être moral : mais en même temps une des prérogatives essentielles de la personnalité, celle d'ester en justice par procureur lui était refusée. Le 21 mai 1851 la faculté d'agir en justice sous le nom et à la requête des administrateurs a été reconnue aux sociétés constituées administrativement dans un but d'utilité publique, telles, les associations d'arrosage (1).

_____

(1) Voir ces arrêts rapportés en note au Dalloz, sous arrêt Cassation du 3 février 1868, D. P. 1868. 1. 225.

Il n'y avait là que des décisions d'espèces : mais la Cour de cassation évitait de se prononcer en principe. La chambre des Requêtes est sortie de cette réserve et dans un arrêt du 23 février 1891 elle a admis en principe la personnalité de toutes les sociétés civiles ou commerciales : elle en tire cette conséquence fort juridique qu'un associé ne peut valablement hypothéquer pendant la durée de la société, sa part indivise dans un immeuble social.

Voici les motifs qui ont décidé la Cour :

« Attendu qu'il est de l'essence des sociétés civiles, aussi bien que des sociétés commerciales, de créer, au profit de l'individualité collective,des intérêts et des droits, propres et distincts des intérêts et des droits de chacun de ses membres ; que les textes du Code civil (notamment les articles 1850, 1852, 1867, 1845, 1846, 1847, 1848, 1855, 1859) personnifient la société d'une manière expresse, en n'établissant jamais des rapports d'associé à associé et en mettant toujours les associés en rapport avec la société ; que les sociétés civiles constituent, tant qu'elles durent, une personne morale, laquelle est propriétaire du fonds social ; que, par suite, l'arrêt attaqué, en déclarant sans valeur et inopérante l'hypothèque consentie le 9 juin 1884 par Rigal à la Banque générale des Alpes-Maritimes, sur des immeubles qui n'étaient pas la copropriété par indivis des trois associés, mais la propriété exclusive de la société, dont l'existence a été reconnue. n'a violé aucun des textes ou des principes invoqués et est suffisamment motivé (1). »

Ce sont bien là les termes d'un arrêt de principe. Reste à savoir quelle est la valeur de cette argumentation passée au crible d'une sévère doctrine.

La Cour se trompe quand elle affirme qu'il est de l'es-

(1) *Pandectes françaises*, 1892.1.97, et note Mongin.

sence des sociétés civiles de créer au profit de l'individualité collective, des intérêts et des droits, propres et distincts
des intérêts et des droits de chacun de ses membres. Le
droit romain a connu la société : et cependant il n'y voyait
qu'un simple contrat, ne produisant aucun effet à l'égard
des tiers, le patrimoine social n'étant pas distinct de celui
des associés.

Nous croyons aussi avoir démontré que la publicité
était une condition essentielle de la personnalité : or les
statuts de la société civile ne sont soumis à aucune mesure de publicité.

La Cour base aussi son arrêt, sur les textes du Code civil : elle vise notamment les articles 1850, 1852, 1867,
1845, 1846, 1847, 1848, 1855, 1859, qui personnifieraient
la société d'une manière expresse. Ceci est plus grave et
demande à être examiné de près. Nous ne croyons pas que
l'argument résiste à une analyse serrée des textes précités.

L'article 1850 décide que chaque associé est tenu envers la société des dommages qu'il lui a causés par sa faute,
sans pouvoir compenser avec ces dommages, les profits que
son industrie lui aurait procurés dans d'autres affaires.

L'article 1852 donne à l'associé une action contre la société, non seulement à raison des sommes qu'il a débour-
sées, mais encore à l'égard des obligations qu'il a contractées de bonne foi, pour les affaires de la société et les
risques inséparables de cette gestion.

L'article 1867 indique certains cas de dissolution de la
société : bien que visé par la Cour de cassation, il semble
indifférent en la cause actuellement discutée.

Les autres articles auxquels se réfère l'arrêt prévoient
divers cas où l'associé sera débiteur de la société.

Voilà donc un ensemble de dispositions légales qui mettent en face de l'associé, l'être fictif, la société : si, dit-on,
le législateur n'avait pas voulu personnifier la société, il

n'aurait pas parlé de ce que l'associé doit à la société, mais de ce qu'il doit à ses coassociés.

L'argument est spécieux : si, dans toutes les dispositions édictées sur les sociétés, le législateur s'est astreint à une *précision scientifique* de langage indiquant nettement chez lui une idée très déterminée, la cause de la personnalité de toutes les sociétés est entendue : elle est gagnée. Si, au contraire dans les textes dont il s'agit comme dans les autres parties du Code civil(1), le législateur a parlé plutôt le langage de la pratique que celui d'une rigoureuse doctrine, l'argument perd toute sa valeur : il ne remplira plus les conditions nécessaires pour être décisif en une matière exceptionnelle, exorbitante du droit commun.

Observons, que si cette société dont les textes analysés font l'associé débiteur ou créancier, est personnifiée : que si elle a une existence juridique distincte de celle de ses membres, nécessairement elle en jouira *erga omnes* : son existence sera opposable aux tiers ; on est une personne ou on ne l'est pas ; on existe ou on n'existe pas. Mais comprendrait-on un être fictif existant pour les uns sans exister pour les autres ? L'œuvre du Code civil ne serait donc pas complète si les rapports de cette personne avec les tiers n'étaient pas prévus : or, sur ce point les textes sont muets. La section II du chapitre III du livre IX est intitulée « de *l'engagement des associés à l'égard des tiers* ». Les articles 1862, 1863, 1864 qui la composent ne parlent plus de la société comme créancière ou débitrice, mais au contraire des coassociés. Cela ne démontre-t-il pas qu'en cette matière comme dans tout le courant de son œuvre, le législateur du Code civil ne s'est pas astreint à parler une langue scientifiquement précise et rigoureuse pouvant donner à entendre qu'il obéissait à une pensée maîtresse, à un principe bien déterminé.

(1) Voyez notamment le *Régime en communauté*, Code civil, Liv. III, titre V, chap. I, *passim*.

Pour détruire complètement l'argument il reste à rechercher si les expressions : « *l'associé doit à la société* », « *l'associé a action contre la société* » peuvent trouver une interprétation rationnelle en dehors de la théorie de la personnalité morale.

« Quant au terme société, disent MM. Aubry et Rau, il faut pour en saisir le véritable sens distinguer ce qui n'est que simple image, forme plus commode ou abrégée du langage, de ce qui tient au fond et à la substance des choses. Dans toute société, il peut y avoir opposition entre les intérêts individuels et les intérêts communs de tous les associés pris collectivement. C'est uniquement pour désigner ces intérêts communs, que la loi se sert du mot *société*. Ce qui le démontre c'est que ce mot ne se retrouve que dans les dispositions légales qui statuent sur les rapports respectifs des associés les uns à l'égard des autres et qu'il disparaît, pour faire place à celui d'*associé* dans les articles 1862 à 1864 qui s'occupent des engagements des associés à l'égard des tiers (1). »

Cette explication doit être admise : elle est rationnelle et non exorbitante du droit commun. Il ne faut pas facilement supposer ce qui a un caractère exceptionnel et on ne doit le faire que lorsqu'il n'est pas scientifiquement possible de donner à un texte une interprétation différente.

Dans son *Traité élémentaire de Droit commercial*, M. Thaller a mis en lumière contre la personnalité des sociétés civiles, un argument décisif, tiré de l'article 1832 du Code civil. Cet article donne la définition du contrat de société ; sa rédaction a dû être particulièrement soignée par le législateur, afin qu'elle rendît exactement sa pensée.

La société, aux termes de cet article, est *un contrat par lequel deux ou plusieurs personnes conviennent de mettre*

(1) Aubry et Rau, *Droit civil*, IV, page 546 note.

quelque chose EN COMMUN *dans la vue de partager le bénéfice qui pourra en résulter* (art. 1832, C. civ.).

Mise en commun ! n'est-ce pas synonyme d'indivision ?
mais, quand la société est une personne morale, il n'y a
pas d'indivision ! il n'y a pas de copropriété ! le propriétaire,
c'est la société contre laquelle chaque associé a un droit
de créance (art. 529, C. civ.). Cette définition de l'article 1832 du Code civil constitue le droit commun ; elle est
l'expression de la règle générale à laquelle on ne saurait
déroger sans un texte formel, et ce texte n'existe pas dans
le Code civil.

Il est aussi remarquable que dans l'article 1860 qui
interdit à l'associé non administrateur d'aliéner ou d'engager les biens sociaux, le législateur dit « *les choses qui
dépendent de la société* et non pas « *qui appartiennent à
la société* » ; or la première conséquence de la personnalité morale est d'accorder à la société le droit de propriété.
Nulle part, du reste, dans le titre IX du Code civil, on ne
voit apparaître chez le législateur la pensée que la société
puisse avoir un droit de propriété.

Malgré toutes ces raisons la Cour de cassation a persisté
dans sa jurisprudence : le 22 février 1898, elle a confirmé
un arrêt de la Cour de Lyon du 3 juillet 1896 et dans les
motifs de son arrêt, elle rappelle le principe de la personnalité des sociétés civiles.

Cet arrêt est ainsi conçu :

« Attendu que l'arrêt attaqué constate en fait, que la
maison sise à Lyon, rue de la République 79, a été adju-
gée en l'audience des criées du 1er décembre 1883, à une
société formée le même jour, entre le sieur Royer et trois
autres, société que la Cour d'appel déclare à bon droit civile, puisqu'elle avait pour objet outre l'achat et la mise
en valeur dudit immeuble, non pas d'y exploiter elle-même
un casino, mais de créer une autre société pour l'entreprise de cet établissement ;

Attendu que ladite société, non sujette en ce qu'elle n'était point commerciale, à l'application des articles 55 et 56 de la loi du 24 juillet 1867, *a pris par le seul effet de la convention des parties, le caractère d'une personne morale, capable d'acquérir et de posséder en propre un patrimoine distinct des biens des associés* ; que l'immeuble qu'elle a acheté directement de la succession Guillet, est devenu ensuite par la conversion de la société sus-énoncée en une société en nom collectif composée des mêmes membres, la propriété de cette dernière société sans avoir jamais appartenu privativement ni par indivis à Royer qui fut tuteur du demandeur en cassation ; qu'il n'a donc pas été frappé de l'hypothèque légale du pupille et que le premier moyen n'est point justifié. »

La Cour est mue dans toutes ces questions par des motifs d'équité et des considérations de fait. Cela prouve que notre législation des sociétés civiles est aussi à reviser dans un sens plus libéral.

G. — *Les sociétés de commerce sont-elles des personnes morales ?*

Nous ne doutons pas que les sociétés de commerce ne soient des personnes morales.

Voici nos raisons. Le législateur, tout le monde le reconnaît, a entendu sur ce point maintenir les traditions reçues en ancien droit. Or dans le dernier état de notre ancienne jurisprudence, les sociétés de commerce étaient des personnes morales. Cette notion de la personnalité morale s'est formée peu à peu, sous les besoins de la pratique : aucune loi n'en a établi le principe, il a été adopté par la coutume commerciale dans l'intérêt des commerçants. Emerigon au XVIIIᵉ siècle la professait expressément et il dit : *La société* (1) *est une personne civile qui a ses droits et ses attributs particuliers.*

_____

(1) Emerigon, *Traité des assurances*, ch. II, sect. 4, p. 325, tome I ; il ré-

Le législateur du Code civil ayant entendu maintenir les anciens principes en a déduit les conséquences qui en découlent nécessairement. Il les a consacrés dans les articles 529 du Code civil et dans l'article 69-6° du Code de procédure.

Sans doute, ces articles pris séparément ne seraient pas suffisants pour établir la personnalité des sociétés de commerce, mais rapprochés ils dénotent chez le législateur un système arrêté d'organisation des sociétés commerciales s'expliquant par la fiction de la personnalité : alors surtout que la tradition est en ce sens. Sans la tradition les adversaires de la personnalité des sociétés commerciales pourraient dire avec vraisemblance : en édictant l'article 529 le législateur a eu surtout en vue un but pratique : il a voulu simplifier les formalités de transmission des actions : il a, dans la communauté à *indivision forcée*, considéré le patrimoine dans sa valeur économique, forcément mobilière, comme le droit d'action à Rome sous la procédure formulaire et non dans l'individualité de chacun des droits et objets qui le constituaient : il a estimé la part de chacun d'après sa valeur pécuniaire comme une part argent (1).

Que pourrait-on répondre à ces assertions alors que si dans les travaux préparatoires (2) de l'article 529 il est fait allusion à la personnalité, il y est aussi souvent question de motifs d'utilité pratique. L'histoire tranche la controverse en faveur de la personnalité.

Les adversaires de la personnalité des sociétés commerciales pourraient aussi écarter l'argument tiré de l'arti-

sulte du contexte que l'auteur parle des sociétés commerciales. *Traité des contrats à la grosse*, ch. 12, sect. 6, p. 582.

(1) Cette théorie nous a été indiquée comme probable par M. Salleilles dans une lettre qu'il nous a fait l'honneur de nous adresser au sujet d'objections que nous lui avons soumises sur son système du patrimoine d'affectation. Nous tenons à exprimer ici nos remerciements à M. Salleilles.

(2) Locré, *Législation civile*.

cle 69-6° du Code de procédure en disant, que s'il est de l'essence de la personne morale de *plaider par procureur*, il ne s'ensuit pas que le fait de pouvoir *plaider par procureur* soit suffisant pour en déduire la *personnalité morale* ; que le législateur a simplement pu faire une exception à la règle « *nul ne plaide par procureur* » en faveur des sociétés de commerce.

Ici encore sans la tradition, on serait embarrassé pour répondre.

Nous savons du reste que ceux qui refusent aux sociétés commerciales la personnalité civile leur accordent au moyen du *patrimoine d'affectation* (1) les bénéfices conférés par la qualité de personne morale.

Mais, voici un argument qui nous paraît décisif en faveur de la personnalité morale des sociétés de commerce. La faillite de certaines sociétés commerciales est expressément prévue par les articles 438, 438, 531, 604 du Code de commerce. De plus, il est certain que le législateur de 1893 a entendu soumettre à la faillite les sociétés par actions. Or on ne conçoit pas une faillite, sans failli et une société ne peut être déclarée en faillite, si elle ne constitue pas une personne morale. Il faut donc, ou reconnaître la personnalité des sociétés de commerce ou déclarer inapplicables les articles précités du Code de commerce.

Nous venons donc de constater une première différence entre les sociétés civiles et les sociétés commerciales. Les sociétés civiles ne sont pas des personnes morales : au contraire la personnalité des sociétés de commerce est un fait acquis.

§ 2. — Nature et preuve du contrat.

La société civile est un contrat consensuel : en est-il de même de la société commerciale ?

(1) Voir *suprà* exposé des théories de M. Salleilles.

D'après certains arrêts (Lyon, 24 juin 1870, S. 71.2.70 ; Toulouse, 22 juin 1872, S. 72.2.169) et un certain nombre d'auteurs, la société commerciale constituerait un contrat solennel où la forme serait exigée à peine d'inexistence et l'écrit nécessaire « *non ad probationem sed ad* solemnitatem ».

Cette théorie basée sur les articles 23 et 49 du Code de commerce et sur les articles 1, 24, 55 de la loi de 1867 est vivement combattue par MM. Lyon-Caen et Renault. Pour eux, il en est de la société commerciale comme de l'antichrèse : la preuve par témoins même au-dessous de 150 francs est seule interdite, mais tous les autres modes de preuve sont parfaitement admis. La nullité est attachée au défaut de publicité, mais la société a quand même existé.

Les conséquences de ce système sont moins rigoureuses que celles de la théorie suivie par la jurisprudence et par la majorité de la doctrine.

L'examen de cette controverse n'entre pas dans le cadre de cette étude.

Qu'il nous suffise de constater une deuxième différence entre les sociétés civiles et les sociétés commerciales : pour les unes au point de vue de la nature du contrat, pour les autres au point de vue du mode de preuve (1).

§ 3. — Publicité.

La société civile n'est soumise à aucune mesure de publicité. La loi a organisé pour les sociétés commerciales une série de mesures tendant à faire connaître aux tiers l'existence de la société et ses statuts (Loi du 24 juillet 1867, titre IV).

(1) Voir sur ce point, Thaller, *op. cit.*, nos 262, 263.

§ 4. — Responsabilité des associés.

Il a été dit que les sociétés civiles n'étaient pas des personnes morales : par suite ce n'est pas la société qui doit, c'est l'associé. Il en résulte qu'il est tenu sur tous ses biens par portion virile (art. 1863). Il pourra (1) par une clause du contrat limiter sa responsabilité à sa mise (art. 1855, C. civ.), mais, d'après le droit commun, il sera responsable sur tous ses biens.

Dans la société commerciale, personne morale : en principe l'associé ne doit pas ; le débiteur, c'est l'être moral : par conséquent d'après le droit commun, le risque de l'associé est limité à sa mise, puisqu'il n'est pas débiteur : c'est le cas de l'actionnaire dans les sociétés par actions et du commanditaire dans la société en commandite. Dans la société en nom collectif les associés *augmentent volontairement* leur responsabilité pour donner plus de crédit à la société, ils se déclarent solidairement responsables des engagements de la société : mais si l'on va au fond des choses chaque associé est plutôt caution solidaire que coobligé solidairement. Il en est de même du commandité dans la société en commandite.

§ 5. — Causes de dissolution des sociétés.

Certaines causes de dissolution des sociétés tiennent à l'*intuitus personæ*, par exemple la mort de l'associé, son interdiction ou sa déconfiture.

Ces causes opèrent toujours dans les sociétés civiles (art. 1865, C. civ.). Il n'en est pas de même dans certaines sociétés commerciales : les *sociétés par actions*.

(1) Sauf controverse. Voir *suprà*, note Labbé.

§ 6. — Prescription des actions contre les associés.

L'article 64 du Code de commerce est ainsi conçu :

« *Toutes les actions contre les associés non liquidateurs et leur veuve, héritiers ou ayants cause, sont prescrites cinq ans après la fin ou la dissolution de la société, si l'acte de société qui en énonce la durée ou l'acte de dissolution a été affiché et enregistré conformément aux articles 42, 43, 44 et 46, et si, depuis cette formalité remplie, la prescription n'a été interrompue à leur égard par aucune poursuite judiciaire.* »

Cet article dont l'interprétation soulève, on le verra, une grave controverse crée au profit des sociétés de commerce une prescription dont on ne saurait étendre le bénéfice aux sociétés civiles.

§ 7. — Compétence.

Aux termes de l'article 631-2° du Code de commerce, les tribunaux consulaires sont compétents pour connaître des contestations entre associés pour raison d'une société de commerce.

Deux sortes de procès sont à envisager pour une société de commerce : 1° ceux qu'elle intente aux tiers et qui lui sont intentés par eux ; 2° ceux qui s'engagent entre les associés eux-mêmes ou bien entre la société et les associés. Ils ont leur base dans l'acte de société et ont pour objet d'obliger les associés à exécuter le contrat social ou à le rompre dans des cas déterminés. C'est l'action *pro socio*.

Les procès de la première espèce sont soumis aux règles ordinaires de compétence, ils seront de la compétence du tribunal de commerce si l'opération litigieuse est un acte de commerce à l'égard du défendeur.

Quant à l'action *pro socio*, la loi pose une règle particulière; elle est du ressort du tribunal de commerce. Cette prescription a été établie par la loi de 1856 abolissant l'arbitrage forcé (art. 51-63, C. com.).

Est-ce là une règle exceptionnelle ou l'application de la théorie générale sur la compétence? c'est-à-dire les rapports entre associés dans une société commerciale sont ils considérés comme des actes de commerce par leur nature?

Oui, d'après le sentiment général de la doctrine et de la jurisprudence. La question toutefois est controversée au sujet de l'engagement du commanditaire. Si l'on admet, contrairement à l'opinion générale et avec M. Thaller (1), que cet engagement est civil, la règle qui soumet au tribunal de commerce les contestations entre associés est exceptionnelle.

Si l'on suit l'opinion générale, cette règle n'est qu'une application des principes généraux en matière de compétence.

Il y a toujours à noter encore sur ce point une différence entre les sociétés commerciales et les sociétés civiles : dans ces dernières les contestations entre associés sont du ressort des tribunaux civils.

§ 8. — Obligation de tenir des livres.

Les sociétés de commerce sont une personne commerçante : elles sont par suite soumises aux obligations afférentes à la qualité de commerçant. Cela les oblige à tenir des livres (art. 8, C. com.) qui auront la force probante ordinaire des livres de commerce.

Les sociétés civiles échappent à cette obligation.

(1) Thaller, *op. cit.*, n° 242.

§ 9. — Faillite et liquidation judiciaire.

Une autre conséquence de la personnalité des sociétés de commerce : comme tout individu commerçant qui cesse ses paiements elles peuvent être déclarées en faillite (art. 437, 438, C. com.), ou mises en état de liquidation judiciaire (loi du 4 mars 1889).

Il ne saurait en être question pour une société civile, fût-elle une personne morale, elle ne serait pas une personne commerçante. Si elle fait de mauvaises affaires, on lui appliquera le régime de la déconfiture.

§ 10. — Théorie de l'accessoire et commercialité présumée des obligations.

La qualité de personne commerçante entraîne encore deux autres conséquences pour la société de commerce : 1° *l'application de la théorie de l'accessoire* d'après laquelle les actes faits par un commerçant pour les besoins de son commerce sont actes de commerce par accessoire lors même qu'étudiés dans leur nature intrinsèque, ces actes aient le caractère d'un acte civil ; 2° *l'application de la commercialité présumée des obligations* ; les actes faits par un commerçant sont présumés faits pour les besoins de son commerce, par conséquent être commerciaux.

C'est encore une différence entre les sociétés civiles et les sociétés de commerce.

SECTION II. — Détermination des règles applicables à la société civile à forme commerciale.

Les règles qui régissent les sociétés civiles et les sociétés commerciales sont différentes. Il faut faire un choix parmi elles pour déterminer le régime auquel sont soumises les *sociétés à objet civil* qui sont revêtues des formes du Code de commerce.

On ne doit pas ici perdre de vue que depuis la loi de 1893 la société en commandite et la société anonyme par actions, fondées depuis la promulgation de ladite loi, sont commerciales et soumises aux lois et aux usages du commerce. Par conséquent le régime dont nous allons essayer de poser les bases s'appliquera :

1° Aux sociétés à objet civil fondées avant promulgation de la loi du 1er août 1893 et ayant revêtu la forme en *nom collectif*, la forme de la *commandite* et la forme de l'*anonymat* ;

2° Aux sociétés à objet civil fondées postérieurement à cette loi et ayant revêtu la forme « *en nom collectif* ».

§ 1. — Les sociétés civiles à formes commerciales sont-elles des personnes morales ?

Les sociétés civiles ne sont pas des personnes morales à l'exception des sociétés minières (loi 21 avril 1810, art. 8).

Ne faut-il pas aussi excepter les sociétés civiles revêtues d'une forme commerciale et les considérer comme des personnes morales ?

Pour résoudre le problème, il faut se rappeler le principe d'après lequel on détermine le régime qui leur est applicable. *Les sociétés civiles à formes commerciales sont soumises à toutes les règles de fond des sociétés civiles : elles n'empruntent à la législation commerciale que les prescriptions visant la forme dont elles sont revêtues.*

Donc, pour décider s'il convient de leur accorder la personnalité morale, il faut rechercher si le législateur a attaché la personnalité au caractère de la société où à sa forme.

La difficulté vient ici, comme en toute la matière, du silence du législateur et elle s'augmente sur ce point spécial de l'absence de texte précis sur la personnalité. Nous n'avons pas en effet dans nos lois une disposition précise comme celle du Code civil espagnol : « *N'ont pas la personnalité juridique les sociétés dont les clauses demeurent secrètes entre les associés et dans lesquelles chacun d'eux agit avec les tiers en son propre nom* » (art. 1669).

Comment donc prendre parti dans cette délicate controverse ?

C'est une règle d'interprétation généralement admise, lorsque la loi est muette, d'étendre ses prescriptions par voie d'analogie : c'est l'argument résumé dans ce brocard célèbre « *ubi est eadem legis ratio, ibi est eadem legis dispositio* ».

Si l'on découvre le motif qui a fait octroyer la personnalité aux sociétés de commerce, il sera facile de décider si par analogie de motifs on doit reconnaître que les *sociétés civiles à formes commerciales sont des personnes civiles*.

Serait-ce parce que la société se livre à des opérations de nature commerciale que la loi lui accorderait le bénéfice de la personnalité ?

Au contraire cette personnalité ne dépendrait-elle pas de la forme ? ne serait-elle pas attachée à la publicité, à laquelle ces sociétés sont soumises dans l'intérêt des tiers et à raison de leur forme ?

Nous avons dit qu'en ancien droit, la personnalité et la publicité étaient intimement liées et nous espérons l'avoir démontré à l'aide de l'ordonnance de 1873.

Nous avons dit également, que pour nous dans le droit moderne *étaient des personnes morales, les sociétés qui étaient soumises à des formalités de publicité*. Nous devons maintenant justifier cette affirmation.

Il est impossible de prétendre qu'une société est une personne morale par cela seul qu'elle fait des actes de commerce. Les associations en participation sont des sociétés commerciales et cependant on s'accorde à leur refuser la personnalité civile : pourquoi ? justement parce que ce sont des associations occultes dispensées de publicité, pouvant se prouver même par témoins (art. 49 et 50, C. com.). Nous avons exposé *suprà*, les motifs qui liaient la personnalité et la publicité : l'ancien droit ne les séparait pas et le droit moderne n'a pas rompu avec ces traditions.

On est donc en droit de soutenir que si *la société en nom collectif*, la *société en commandite*, la *société anonyme* forment des personnes morales, ce n'est pas parce qu'elles se livrent à des actes de commerce, c'est parce qu'elles sont soumises à des formalités de publicité qui en révèlent l'existence aux tiers.

Or, on ne voit pas pourquoi, le fait de se livrer à des opérations commerciales entraînerait pour la société la nécessité d'être publiée ; nous avons au contraire été frappés par les raisons qui exigent la publicité de la création d'une personne morale.

Il n'y a pas d'incompatibilité essentielle entre le caractère civil d'une société et la personnalité : la société civile n'est pas une personne morale, parce qu'elle n'a pas de vie extérieure, et non, parce qu'elle a un objet civil. Si elle adopte des formes lui donnant une vie extérieure, pourquoi ne deviendrait-elle pas personne morale ?

On peut conclure : les sociétés commerciales sont des personnes morales non en raison de leur caractère commercial, mais en raison de la publicité à laquelle elles sont soumises à raison de leurs formes ; si donc les sociétés civiles adoptent ces formes, qui les soumettent au mode de publicité organisé par la loi, elles seront des personnes morales, *eadem est ratio*.

Le système que nous venons d'exposer n'en soulève pas

moins de graves objections : nous devons les exposer et en même temps nous essaierons de les réfuter.

M. Laurent admet bien que les sociétés civiles peuvent revêtir une forme commerciale, mais « ce faisant, dit-il, elles ne sauraient emprunter à la loi commerciale que les règles et les caractères qui ne concernent pas l'ordre public et si quelque chose intéresse l'ordre public c'est bien la création d'un nouvel être fictif ».

On pourrait d'abord demander à M. Laurent ce que c'est au juste que l'ordre public. C'est un mot bien souvent employé et sur le sens duquel on n'est pas fixé. Celui qui en donnerait une définition exacte ferait faire un pas de géant à la science du droit.

Reconnaissons cependant, qu'il est d'ordre public, qu'une personne morale ne peut exister que par la volonté du législateur : mais il n'est pas d'ordre public, que celui-ci ne puisse attacher *ipso facto*, la personnalité à l'accomplissement de telles ou telles formalités de publicité.

Dans son *Traité des sociétés*, M Guillouard enseigne que l'adoption d'une forme commerciale ne peut pas conférer la personnalité à une société civile. Il s'exprime ainsi :

« Si la distinction de notre ancien droit entre les sociétés de commerce auxquelles la personnalité est accordée et les sociétés civiles auxquelles elle est refusée a été maintenue par nos législateurs modernes, comment l'interprète pourrait-il modifier gravement cette distinction et accorder la personnalité morale à certaines sociétés civiles ?

« Pour avoir une forme commerciale, elles n'en sont pas moins des sociétés civiles, qui doivent être régies par les règles propres à ces sociétés : car la forme que l'on donne à une convention n'en change pas le caractère juridique, et si désirable au point de vue pratique que puisse être la distinction que nous combattons, nous avons le droit de dire qu'elle ne pourrait résulter que d'un texte précis. »

Nous répondons : si entre la société civile et la personnalité, il y avait incompatibilité et si cette qualité était attachée au caractère commercial de la société. M. Guillouard serait dans le vrai : mais nous avons établi le contraire.

M. Thaller (1) repousse aussi l'extension de la personnalité aux *sociétés civiles à formes commerciales* « parce que la société civile n'a pas et ne peut prendre sous aucun prétexte un organisme corporatif ». Pourquoi ? l'éminent juriste ne le dit pas, c'est cependant ce qui serait intéressant de savoir. Où est le texte limitant la liberté des parties ? c'est en cette matière qu'il serait nécessaire d'en avoir un, car la liberté est la règle générale des conventions.

Le Code civil (livre IX) offre aux parties un modèle de société civile toute organisée : est-ce à dire que les parties ne peuvent pas modifier cette organisation : pourquoi la liberté des conventions serait-elle ici restreinte ?

M. Thaller voulant que la non personnalité des sociétés civiles soit d'ordre public et prévoyant l'argument que l'on peut tirer contre lui de la loi de 1810 sur les mines (art. 8 *in fine*) dit : cette disposition est exceptionnelle. Rien n'est moins vrai : le législateur a statué en vue de ce qui se produit le plus souvent, c'est-à-dire qu'il a prévu que ces sociétés se constitueraient dans les formes commerciales et seraient par suite publiées. — Nous le voyons du reste dans un cas analogue attribuer pour les mêmes raisons la personnalité aux sociétés coopératives parmi lesquelles plusieurs ne sont pas commerciales (loi de 1867, art. 57).

Les arguments de M. Vauthier (2) sont plus spécieux.

« Nous pensons, dit-il, que les textes dont on induit la

(1) Thaller, *op. cit.*, n° 613.
(2) Vauthier, *op. cit.*

personnalité des sociétés de commerce, font partie intégrante de la loi commerciale et ne peuvent être étendus à la société civile, qui est régie par des règles qui lui sont propres. »

« L'article 1873 du Code civil statue en termes exprès que des dérogations au Code civil, ne peuvent avoir lieu que dans l'intérêt des sociétés de commerce. S'il est vrai que la personnification d'une société ne découle pas des textes du Code civil, il s'ensuit que là où elle est admise, elle constitue une dérogation à ce Code. Vouloir étendre à la société civile les bénéfices de cette dérogation, vouloir les soumettre aux usages du commerce, ce serait se mettre en contradiction avec les termes de l'article 1873 du Code civil. »

Mais cette argumentation a pour principal défaut de prêter au législateur une pensée bien différente de celle qui lui a dicté l'article 1873 du Code civil. D'après M. Vauthier, cet article signifierait que des dérogations aux prescriptions du Code civil en matière de société ne pourraient avoir lieu que dans l'intérêt d'une société commerciale ; par conséquent tout le titre IX du Code civil serait d'ordre public, la société civile deviendrait un contrat d'une nature spéciale échappant à la règle de la liberté des conventions.

Comment baser une semblable théorie sur l'article 1873 ainsi conçu :

« *Les dispositions du présent titre ne s'appliquent aux sociétés commerciales que dans les points qui n'ont rien de contraire aux lois et aux usages du commerce.* »

La rédaction de ce texte est tellement claire, qu'il n'a pas besoin d'interprétation. Il signifie que le commerce a ses lois spéciales en matière de société, mais que dans les cas non prévus par loi commerciale, il faut s'en référer à la loi civile.

La personnalité n'est nullement régie par une disposition du Code de commerce : elle n'est pas attachée au caractère commercial de la société : tout au contraire, elle dépend de la forme.

Les arguments invoqués contre la personnalité des sociétés civiles à formes commerciales ne sont donc pas invincibles. Aucune des raisons invoquées pour refuser la personnalité aux sociétés civiles ordinaires, ne se retrouve ici : il y a au contraire de très sérieux motifs d'utilité pratique et des raisons d'équité, pour adopter l'opinion qui fait de ces sociétés des personnes morales.

« La personnalité des sociétés de commerce, disent MM. Lyon-Caen et Renault, a pour but principal de simplifier leurs rapports avec les tiers, de leur donner plus de crédit. Il faut pour qu'elles jouissent de cet avantage que leur existence ait été portée à la connaissance des tiers par la publicité donnée aux statuts dans les formes légales. On ne voit pas pourquoi le même bénéfice n'appartiendrait pas aux sociétés civiles dont les statuts ont été rendus publics à raison de la forme commerciale dont elles sont revêtues. Il semble y avoir là une véritable nécessité pratique. Les sociétés civiles qui s'organisent sous une forme commerciale font appel au crédit comme les sociétés de commerce. Le public compte et doit légitimement compter sur les mêmes garanties que si la société était commerciale. Une solution opposée serait d'autant plus fâcheuse, qu'il n'est pas toujours aisé de déterminer si une société est civile ou commerciale, par cela même que la ligne de démarcation entre les actes civils et les actes de commerce est difficile à tracer et souvent même quelque peu arbitraire » (1).

On objecte que des motifs d'équité et d'utilité ne sont

---

(1) Lyon-Caen et Renault, *Traité de Droit commercial*, t. II, nos 1082 et suivants.

pas des arguments juridiques et qu'il les faut renvoyer au législateur.

L'objection porterait s'il y avait un texte : mais dans le silence de la loi, le juge ne peut se refuser à juger (art. 4, C.civ.). D'après quelles règles se décidera-t-il ? Soit par des raisons d'analogie, soit par des raisons d'équité. En l'espèce l'analogie et l'équité veulent que les sociétés civiles à formes commerciales soient des personnes morales : cette opinion doit être admise comme la plus probable et la plus conforme à l'intention du législateur.

§ 2. — Nature et preuve du contrat.

Les sociétés civiles ne doivent pas nécessairement être être rédigées par écrit. Il en est autrement des sociétés de commerce (C. com., art. 39 et loi du 24 juillet 1867).

Nous croyons que sur ce point les règles du Code de commerce et de la loi de 1867, sont applicables aux sociétés civiles à formes commerciales.

Ces sociétés sont soumises, nous allons le démontrer, aux dispositions de la loi de 1867. Elles doivent donc être publiées : et cette publication suppose nécessairement un écrit.

Nous laissons de côté la controverse, que nous avons indiquée, sur le point de savoir si cet écrit est à *ad probationem* ou *ad solemnitatem*.

§ 3. — Publicité.

La société civile à formes commerciales doit être publiée. L'adoption d'une forme commerciale entraîne des conséquences (la personnalité, la limitation de la responsabilité de certains associés), que les tiers ont intérêt à connaître, et qui ne leur sont opposables que si les formalités de publicité exigées par la loi ont été remplies (Loi de 1867, art. 56, *in fine*).

Au sujet des mesures de publicité, se pose une question pour les sociétés civiles à formes commerciales.

L'article 55 dispose que dans le mois qui suit la constitution d'une société commerciale, un double de l'acte, constitutif, s'il est sous seing privé, ou une expédition s'il est notarié, est déposé aux greffes de la justice de paix et du tribunal de commerce du lieu où est établi la société.

On dit : La compétence des tribunaux de commerce repose sur la nature des actes abstraction faite de leur auteur : or la *société civile à forme commerciale* a pour objet de faire des actes civils, par conséquent les procès qu'elle pourra avoir seront en général de la compétence du tribunal civil. N'est-il pas en conséquence conforme à l'esprit de la loi d'exiger pour ces sociétés le dépôt au greffe du tribunal civil ?

Il n'y a aucune bonne raison de faire une distinction là où le législateur n'en a point faite. Quel lien y-a-t-il entre le dépôt et la juridiction ? Les juges de paix n'ont pas de compétence en matière commerciale et cependant la loi exige, pour les sociétés commerciales le dépôt aux greffes des tribunaux de paix. Ainsi, la loi du 23 juin 1875 prescrit le dépôt des marques de fabrique et de commerce au greffe du tribunal de commerce qui n'est pas compétent pour trancher les contestations relatives à ces marques.

Le but de la loi a été d'assurer à l'acte de société une très grande publicité. Il fallait pour cela que les tiers sachent d'une façon certaine où trouver ces actes, par suite le mieux était d'organiser des lieux fixes de dépôt : ce qui a été fait par la désignation des greffes du tribunal de commerce et de la justice de paix.

§ 4. — Responsabilité des associés.

Dans la société en nom collectif les associés sont solidaires pour tous les engagements de la société (art. 22 C. com.). C'est là une des conséquences de la forme qui se produira, que la société ait ou non le caractère commercial.

Dans la société en commandite, le commanditaire n'est passible des pertes que jusqu'à concurrence des fonds qu'il a mis ou dû mettre en société (art. 26, C. com.) : le commandité est responsable solidairement.

Dans la société anonyme, les associés ne sont passibles que du montant de leur mise (art. 33, C. com.).

Ces restrictions ou augmentations de responsabilité sont liées intimement à la forme.

§ 5. — Causes de dissolution de la société.

Les causes de dissolution sont aussi liées à la forme.

Ainsi les sociétés en nom collectif et en commandite par intérêt sont des sociétés où domine l'*intuitus personæ*. Les causes de dissolution se rattachant à cet *intuitus personæ* opéreront.

Les sociétés par actions, en commandite ou anonymes, étant des sociétés de capitaux, échapperont du côté des commanditaires ou actionnaires aux causes de dissolution tenant à l'*intuitus personæ*.

§ 6. — La prescription de l'article 64 du Code de commerce est-elle applicable aux sociétés civiles à formes commerciales.

L'article 64 du Code de commerce édicte en matière de société une prescription spéciale de cinq ans. Ce texte est ainsi conçu :

« *Toutes actions contre les associés non liquidateurs et leurs veuves, héritiers ou ayants cause, sont prescrites cinq ans après la fin ou la dissolution de la société, si l'acte de société qui en énonce la durée ou l'acte de dissolution a été affiché et enregistré conformément aux articles 42, 43, 44 et 46, et si depuis cette formalité remplie, la prescription n'a été interrompue à leur égard par aucune poursuite judiciaire.* »

Cette prescription abrégée doit-elle être étendue aux sociétés civiles à *formes commerciales* ou est-elle spéciale aux sociétés de commerce. Cela revient à demander si le législateur l'a édicté en considération de la forme ou en considération du fond : en d'autres termes à en connaître le fondement.

MM. Lyon-Caen et Renault soutiennent avec beaucoup de talent qu'il faut rattacher cette prescription à la forme. Le législateur n'aurait eu en vue que les associés tenus personnellement et solidairement des dettes sociales ; obligation qui est une conséquence de la forme *en nom collectif* pour tous les associés et de la forme *en commandite* pour les commandités. Il s'ensuit que toute société revêtue de ces deux formes est, quel que soit son objet, soumise à la prescription de cinq ans (1).

La théorie est séduisante, mais il faut la démontrer.

Pour cela on fait d'abord observer que la raison d'être de cette prescription ne se comprendrait pas dans les sociétés en commandite pour les commanditaires et dans les sociétés par actions pour les actionnaires. Ce que le législateur a voulu, c'est empêcher un associé d'être pendant trente ans sous le coup d'une responsabilité *solidaire* et *indéfinie* qui écartera bien des gens de faire partie d'une société de commerce : il n'y avait pas la même raison d'a-

_____

(1) Lyon-Caen et Renault, *op. cit. loco. cit.*

bréger le délai ordinaire de la prescription en faveur d'associés tenus seulement à concurrence de leurs mises. Le législateur a écrit l'article 64 sur la demande d'un commerçant de Paris et au moment où cet article fut rédigé on ne connaissait guère que la société en nom collectif et la société *en commandite par intérêts*. Pour faire adopter par le Conseil d'Etat l'article 64 en projet, Regnaud de St-Jean d'Angély observa que chaque associé avait intérêt à ce que l'action *solidaire* ne se prolongeât pas et Cretet ajouta qu'on fuirait les sociétés de commerce s'il en était autrement. Sur ces explications, le Conseil décida :

1° Que la solidarité des associés n'aurait pas après la dissolution de la société la durée que lui donne le droit commun ;

2° Que le délai après lequel elle cessera, commencera du jour où la dissolution de la société aura été annoncée par affiches.

3° *Que ce délai sera de cinq ans* (1). De cette discussion est sorti l'article 64 actuel du Code de commerce : sa rédaction ne rappelle rien des idées qui semblent l'avoir dicté.

Malgré cela, en présence d'un texte aussi formel, ne faisant aucune distinction, nous ne croyons pas que l'on puisse se ranger à l'opinion de MM. Lyon-Caen et Renault.

« On n'a pas le droit de faire mieux que le législateur même en s'inspirant de ses motifs (2) » et on ne doit recourir aux travaux préparatoires que lorsque la pensée du législateur est obscure ou que manifestement il a dit le contraire de ce qu'il voulait.

Ce n'est pas ici le cas, l'article 64 peut très bien avoir voulu créer, en faveur du commerce, une prescription abrégée constituant une exception que l'on ne saurait étendre

(1) Locré, *Code de commerce*, I, p. 273.
(2) Colmet de Santerre.

par voie d'analogie et qui par conséquent serait étrangère aux sociétés civiles à formes commerciales.

Le texte donne à cette opinion un appui inébranlable et par son contenu, et par sa place à la fin du titre III, après les dispositions particulières à chaque forme de société, ce qui semble indiquer qu'il s'applique à toutes, contrairement aux idées de MM. Lyon-Caen et Renault.

La jurisprudence, en présence des termes généraux de l'article 64, s'est toujours prononcée dans notre sens sans aucune variation. Il y a un arrêt de Cassation de 1836 ; il y en a un autre du 28 janvier 1884 (J.P. 1886, 1147), qui, maintenant cette doctrine, décide que l'article 64 est inapplicable aux sociétés civiles à formes commerciales.

M. Thaller n'est pas de cet avis, il croit que la prescription de cinq ans est applicable en matière de société civile à forme commerciale.

« Un débiteur, dit-il, peut stipuler en contractant qu'il sera libéré par un temps plus court que trente années, par cinq années notamment. Si le créancier accepte cette clause, il devra la respecter, il a renoncé à la prescription de trente ans. C'est ce que font les associés lorsqu'ils constituent une société de ce genre, et les créanciers leur donnent acte de cette stipulation. »

Si la majeure de l'argument est irréfutable, la conclusion nous semble hardie. Dans le fait, qu'un créancier traite avec une société civile à forme commerciale, M. Thaller voit une renonciation tacite de ce créancier à la prescription de trente ans. Nous ne voyons pas que cette affirmation soit prouvée : elle ne pourrait être vraie que si la prescription de cinq ans tenait essentiellement à la forme de la société, or elle est une mesure de faveur prise dans l'intérêt du commerce.

Nous ne voyons cependant aucun inconvénient à admettre que si les statuts de la société civile à forme commer-

ciale contenaient une clause portant libération des associés
par cinq ans, dans les termes de l'article 64 du Code de
commerce, et que cette clause ait été dûment publiée, la
prescription ne fut applicable. En effet, les statuts dûment
publiés sont opposables aux tiers : l'article 64 aura force de
contrat, car si le débiteur ne peut pas renoncer d'avance à
se prévaloir de la prescription, le créancier peut s'engager
à ne plus faire valoir ses droits après un laps de temps
déterminé et moindre de la durée de la prescription légale

§ 7. — Compétence pour les contestations entre associés.

Les contestations entre associés en matière de sociétés
civiles à formes commerciales sont-elles de la compétence
des tribunaux consulaires ou de la compétence des tribunaux civils ?

Nous croyons qu'il faut décider sans hésitation aucune
qu'elles sont de la compétence des tribunaux civils.

Voici nos raisons : il y a deux manières d'expliquer la
compétence commerciale pour les contestations entre associés : d'après une opinion les engagements des associés
entre eux dans une société commerciale seraient des actes
de commerce : d'après un autre système la règle de l'article 631-2° du Code de commerce serait une prescription
spéciale de la loi pour les contestations de cette nature.
Or les actes des sociétés civiles à forme commerciale restent des actes civils : et d'autre part aucune raison d'analogie et d'équité ne permet d'étendre une exception créée
par la loi, à un cas autre que celui visé par elle.

§ 8. — Les sociétés civiles à formes commerciales sont-elles obligées de tenir des livres.

L'obligation de tenir des livres est attachée à la qualité

de commerçant. Pour être commerçant, il faut faire, des actes de commerce, sa profession habituelle. Or, les sociétés qui nous occupent, ont pour objet de faire des actes civils, par conséquent elles ne sont pas des personnes commerçantes et par suite ne sont pas soumises à l'obligation de tenir des livres.

En fait, et par suite des nécessités pratiques, il arrivera souvent que nos sociétés auront des livres, tout comme les sociétés de commerce : quelle sera la force probante de ces livres ?

Assurément les articles 1329 et 1330 du Code civil et les articles 12 et 13 du Code de commerce ne sont pas applicables : il n'est question dans ces textes que des livres de commerce ou registres des marchands.

Ces livres des sociétés civiles à formes commerciales sont-ils dénués de valeur ?

Non très certainement, mais il n'est pas sans difficulté de préciser quelle doit être leur force probante.

D'abord ces livres peuvent servir de présomptions de fait, dans les cas où ces présomptions sont admises (art. 1352, C. civ).

Il nous semble aussi que ces livres présentent tous les caractères exigés par l'article 1347 du Code civil pour qu'il y ait *commencement de preuve par écrit* contre ceux qui les ont tenus. Ils sont en effet écrits ou par les associés ou par ceux qui les représentent.

Est-ce là toute la force probante de ces livres ? Nous pensons avec MM. Lyon Caen et Renault (1) qu'il faut distinguer entre les procès où des tiers sont engagés et ceux qui auraient pour objet des contestations entre associés. Les litiges entre la société et les tiers étant d'ordre civil, les livres de la société civile ne peuvent avoir de force probante que dans les limites de l'article 1331 du

(1) Lyon-Caen et Renault, *Traité de droit commercial*, t. II, n° 1080, note.

Code civil. Mais pourquoi, dans les rapports entre associés, les juges ne pourraient-ils les admettre comme formant preuve complète. Les associés ne peuvent pas se procurer une preuve littérale l'un contre l'autre : l'obstacle de fait résultant des usages est aussi fort qu'un obstacle physique. L'article 1348 C. civ. permet dans ce cas d'admettre toutes sortes de preuves, spécialement la preuve par témoins et les présomptions de fait.

Aussi est-ce avec raison que la Cour de Cassation a décidé que les écritures d'une société civile, alors même qu'elles étaient tenues par un seul des associés, ne sont point de simples papiers domestiques appartenant à cet associé : que ce sont des écritures communes, faisant foi entre les intéressés malgré leurs irrégularités, si d'ailleurs les juges du fond les reconnaissent sincères et dignes de confiance (Cassation, 17 février 1869, J. P. 1869, 394).

§ 9. — Les sociétés civiles à formes commerciales sont-elles soumises à la faillite et à la liquidation judiciaire.

La faillite et la liquidation judiciaire entraînent des conséquences qui les lient intimement à l'ordre public : il n'appartient pas à un particulier de s'y soumettre par sa seule volonté. Or, par suite de la fiction de la personnalité, la société est une personne qui se trouve soumise aux règles qui régissent les individus. Elle ne peut donc devenir commerçante par sa seule volonté manifestée par l'adoption d'une forme commerciale.

Dans notre droit français, la faillite comme la liquidation judiciaire sont spéciales aux commerçants : par conséquent les sociétés à objet civil même revêtues d'une forme commerciale ne peuvent être déclarées en état de faillite ou de liquidation judiciaire.

§ **10.** — Les sociétés civiles par actions sont-elles soumises aux nombreuses dispositions restrictives de la loi du 24 juillet 1867.

Les décisions de la doctrine et de la jurisprudence peuvent être groupées en trois systèmes :

Dans un premier système on soutient que la loi de 1867 régit uniquement les sociétés commerciales.

Dans un deuxième système on décide que les règles établies par la loi de 1867 pour la constitution et le fonctionnement des sociétés par actions sont applicables aux sociétés civiles revêtant cette forme, mais que les dispositions sanctionnant ces règles par des peines ou des responsabilités civiles ne doivent pas être appliquées quand il s'agit d'une société par actions ayant un objet civil.

Enfin le troisième système entraîne l'application complète de la loi aux sociétés civiles par actions.

Nous croyons devoir accepter les conclusions du troisième système comme les plus probables et les plus conformes à l'équité.

Rien à la lecture du texte de la loi de 1867, n'indique que le législateur ait eu en vue uniquement les sociétés à objet commercial. Les dispositions de la loi visent la forme, car c'est la forme par actions qui rend ces sociétés dangereuses pour l'Épargne, ce n'est certainement pas le caractère de leurs opérations. Toutes les fois que le législateur a voulu limiter au commerce certaines formes de sociétés il l'a dit : par exemple, la loi sur les sociétés à responsabilité limitée dont l'article 1er disait : « il pourra être formé des sociétés *commerciales...* »

Ensuite, cette loi ne vise pas les sociétés *en nom collectif* et *en commandite simple* : par conséquent elle n'avait pas pour but de régir spécialement les sociétés de commerce, en effet si une société était dangereuse pour l'épargne parce qu'elle se livre à des opérations commerciales : il fallait viser ces deux sociétés dans les mesures restrictives.

Enfin, la loi de 1867 organise le fonctionnement de sociétés à *capital variable*, plus connues sous le nom de sociétés *coopératives*, qui souvent ont un objet civil.

Il est difficile de soutenir qu'elle ne vise que des sociétés commerciales. Comment donc a-t-on été amené à le faire ?

Par suite d'un incident des travaux préparatoires ainsi rapporté par MM. Lyon-Caen et Renault (1). « Après le dépôt de son rapport dans la séance du 4 mai 1867. La commission du Corps législatif fut saisie de plusieurs amendements parmi lesquels s'en trouvait un ainsi conçu :

« *Article additionnel* Les dispositions qui précèdent sont applicables aux sociétés civiles charbonnières ou autres qui se constitueraient dorénavant soit sous la forme de société en commandite par actions soit sous la forme de société anonyme. Les sociétés civiles actuellement existantes, sous l'une ou sous l'autre de ces formes, sont tenues de se conformer aux dites dispositions dans le délai de six mois à partir de la promulgation de la présente loi sous peine de tous dommages-intérêts des gérants envers les parties intéressées. »

« La commission ne prit pas cet amendement en considération, sur la promesse faite par les commissaires du gouvernement qu'un projet de loi sur les sociétés civiles serait mis à l'étude et présenté dans le plus bref délai. »

Ne résulte-t-il pas de cet incident, que la loi de 1867 ne vise pas les sociétés civiles ?

(1) Lyon-Caén et Renault, *op. cit.*, n°s 1082 et suiv.

Si l'on se rapporte au texte de la loi, aucun doute n'est possible, le texte est clair. Prenons par exemple l'article 1er, il ne distingue pas si la société est civile ou commerciale, il déclare que *les sociétés en commandite ne peuvent diviser leur capital en actions ou coupons d'actions de moins de....*

Où voit-on dans ce texte un mot autorisant d'affirmer qu'il ne s'applique qu'aux sociétés à objet commercial ? pourquoi donc distinguer quand le texte ne distingue pas et aller chercher dans les travaux préparatoires des motifs problématiques de distinction ?

« Quand le texte est clair l'interprète doit s'y tenir et ne pas le défigurer sous prétexte de pénétrer l'esprit de la loi (1). »

L'article 21 porte : « à l'avenir les sociétés anonymes pourront se former sans l'autorisation du gouvernement. Elles seront soumises aux dispositions des articles 29, 30, 32,33, 34 et 36 du Code de commerce et aux dispositions contenues dans le présent titre ».

Est-ce assez clair ? *Les sociétés anonymes,* dit le législateur, *sans distinguer* si la société se livre à des opérations civiles ou à des opérations commerciales.

A ces arguments de texte s'ajoutent de puissants motifs d'équité et de raison.

Laisser à la spéculation honnête, la liberté qui lui était nécessaire, mais assurer au public et à l'épargne des garanties contre les surprises et les brigandages des lanceurs d'affaires : tel est le but de la loi de 1867. Les sociétés par actions ne sont pas sans danger à cause de la responsabilité limitée des sociétaires, à cause de la facilité de transmission des actions : à cause des hausses fictives que la spéculation peut produire pour écouler des titres sans valeur. Avant 1867 l'autorisation du gouvernement était une

(1) Baudry-Lacantinerie et Houques-Fourcade, *op. cit.*

garantie : et, la jurisprudence considérait avec raison que
cette autorisation était nécessaire à raison de la forme :
aussi décidait-elle qu'elle était nécessaire aux sociétés à
objet civil qui revêtaient la forme de l'anonymat. La jurisprudence était dans le vrai, la *société anonyme* présente
des dangers pour le public et pour l'épargne *parce qu'elle
est anonyme* et non *parce qu'elle est commerciale.*

Cette garantie de l'autorisation gouvernementale est
supprimée sans distinction par l'article 21 : si donc l'on ne
peut pas appliquer aux sociétés civiles anonymes les dispositions restrictives de la loi de 1867, on leur crée une situation privilégiée : elles jouissent d'une liberté absolue. —
Les actions de ces sociétés ne seront sujettes ni au versement de leur premier quart ni à la disposition suspendant
la conversion en titres au porteur jusqu'à leur entière libération (1). — Délivrées en représentation d'apport, elles ne
devront pas être vérifiées en assemblées constitutives ; —
les administrateurs ne seront pas périodiquement renouve-
lés ; — la nomination de commissaires ne sera pas obligatoire, — pas davantage la tenue d'assemblées annuelles, —
enfin la distribution de dividendes fictifs ne sera pas un
délit.

Les partisans de ce système en sentent bien l'imperfec-
tion et comprenant que, sur le terrain de la société civile,
ils livrent l'épargne à ce que M. Thaller appelle « lesbri-
gandages de la finance » (2), ils ont cherché un contrepoids
à cette liberté excessive.

Ce contrepoids la jurisprudence le fait principalement
résider dans l'engagement nécessaire et personnel de chaque associé au delà de son apport. Nous savons ce qu'il
faut penser de ce système : nous croyons avoir établi
au début de cette étude, que l'associé peut par le seul

---

(1) Cette disposition est modifiée par la loi de 1893. Voir l'article 3 modifié par la loi nouvelle.
(2) Thaller, *op. cit.*, n° 613.

jeu des principes du Code civil, limiter sa responsabilité à sa mise.

Il faut alors s'enfermer dans ce dilemne : ou la loi de 1867 est applicable aux sociétés civiles par actions où elle ne l'est pas.

Si cette loi ne leur est pas applicable, elles jouissent de toute la liberté du droit commun et il serait arbitraire de venir créer de toutes pièces et sans aucun texte à l'appui, tout un système de restrictions.

Le législateur a toujours paré aux dangers que présentent la constitution et le fonctionnement des sociétés par actions. Jusqu'en 1867 on soumettait à l'autorisation du gouvernement les sociétés anonymes même civiles, et dans le même but, on appliquait la loi de 1856 aux sociétés civiles en commandite par actions. La loi de 1867 est venue abroger toutes ces mesures de précaution et les a remplacées par d'autres. La raison d'être de ces précautions est-elle dans la forme des sociétés ou dans leur caractère civil ou commercial ? très évidemment elle est dans la forme. La société ne fait pas courir de plus grands risques aux tiers parce qu'elle est commerciale, mais bien parce qu'elle est par actions et que par suite la responsabilité de ses membres est limitée à leur mise. On n'oserait soutenir le contraire et c'est alors le cas de dire, *ubi est eadem legis ratio, ibi est eadem legis dispositio.*

Décider autrement serait faire produire à loi de 1867 un effet que le législateur n'a certainement pas voulu : *affranchir de toutes restrictions les sociétés civiles par actions.*

Reste toujours contre notre opinion cette décision quasi-législative ayant supprimé l'article additionnel portant application de la loi aux sociétés civiles. MM. Lyon-Caen et Renault (1), montrent que l'argument tiré du rejet de cet article n'a aucune force :

(1) *Op. cit.*, n⁰ˢ 1082 et suiv.

« L'argument tiré des travaux préparatoires perd toute sa valeur, quand on rapproche les motifs allégués pour rejeter l'amendement dont parlent les partisans de l'opinion opposée. Il n'a pas été écarté parce que la commission pensait que la loi de 1867 ne devait pas régir les sociétés civiles par actions. Il l'a été pour deux raisons différentes et absolument étrangères à cet ordre d'idées. D'abord on reprochait à l'amendement de ne pas être complet en ce qu'il n'indiquait pas à quoi on doit s'attacher pour distinguer une société civile d'une société commerciale.

« Puis on faisait remarquer que l'amendement ne s'appliquait pas aux sociétés civiles existantes qui avaient divisé leur capital en actions sans prendre la forme anonyme ou en commandite. C'est parce qu'il était incomplet que l'amendement a été repoussé et non parce qu'il émettait une idée injuste.

« Le texte de la loi, son histoire, la logique, les nécessités pratiques se réunissent pour prouver que la loi de 1867 doit s'appliquer à toutes les sociétés anonymes autres que les sociétés d'assurances sur la vie, sans distinction entre les sociétés civiles et les sociétés commerciales. »

En se ralliant à cette opinion on supprime une très grave et très délicate difficulté : il est facile de reconnaître la forme d'une société : il est plus difficile de distinguer un acte de commerce d'un acte civil : on voit combien les tiers seraient peu assurés de l'avenir si les garanties organisées par la loi de 1867 dépendaient de la nature des actes que fait la société.

Il faut rejeter aussi le système qui distingue dans la loi de 1867 d'une part les règles établies pour la constitution et le fonctionnement des sociétés par actions et d'autre part, les responsabilités civiles et les sanctions pénales édictées pour assurer l'observation de ces règles.

Les secondes, de droit plus étroit, concerneraient le fond

et par suite seraient seulement applicables aux sociétés commerciales. Le raisonnement est assez singulier car les sanctions pénales comme les responsabilités civiles ont été édictées pour assurer l'observation des prescriptions concernant la formation de ces sociétés. Ces prescriptions restrictives ont été édictées pour garantir le public des dangers que ces formes de société présentaient pour lui : donc les sanctions, en assurant l'observation ont aussi trait à la forme *eadem est ratio*.

Mais, dit-on, les prescriptions pénales et les responsabilités civiles sont de droit tout à fait étroit et sous aucun prétexte on ne peut les étendre par voie d'analogie. C'est exact. Mais, on ne saurait étendre davantage par voie d'analogie des prescriptions portant atteinte à la loi générale de la liberté des conventions : d'où la loi de 1867 ne serait pas dans son entier applicable aux sociétés civiles par actions. Aussi n'est-ce qu'à titre accessoire que nous avons argumenté par analogie : nous avons d'abord montré que le texte ne distinguait pas et que par conséquent l'interprète ne pouvait pas distinguer : nous avons seulement étayé ces raisons en montrant que l'interprétation analogique venait les confirmer.

Ayant examiné cette importante question au point de vue doctrinal, nous devons maintenant interroger la jurisprudence. Nous avons dit qu'elle présentait des incertitudes.

Le plus grand nombre des arrêts n'admet pas l'application aux *sociétés civiles à formes commerciales* des dispositions pénales et des responsabilités civiles édictées par la loi de 1867. Il y avait cependant un essai de réaction dans certaines cours : Toulouse, 23 mars 1887 (*Gaz. du Pal.*, 87, 1, 791) ; Trib. civ. de la Seine, 2 et 23 juin 1896 (*Annales de Droit commercial*, février 1896, p. 12).

La Cour de cassation n'admet pas l'application aux sociétés civiles de la loi de 1867 et elle applique l'article 1863 du Code civil à moins que dans chaque acte avec les tiers l'administrateur n'ait fait connaître la limitation de responsabilité des actionnaires ; Cass., 31 février 1883, S.84.1.361

La jurisprudence des Cours d'appel se partage en deux systèmes.

Les unes admettent qu'en adoptant la forme commerciale les sociétés civiles doivent se soumettre aux prescriptions de cette loi qui concernent les formes des sociétés : les autres au contraire jugent que les sociétés civiles échappent aux prescriptions de cette même loi.

Dans le premier sens il a été jugé qu'il fallait appliquer à ces sociétés :

1o L'article 1er exigeant le versement d'un quart sur les actions et la souscription intégrale du capital social, — l'article 4 sur la vérification et l'approbation des apports en nature par l'assemblée générale des actionnaires.

Voyez en ce sens : Trib. civ. de la Seine, 20 juillet 1886 (*La Loi*, 8 août 1886) et 30 avril 1889 (*Gaz. du Pal.*, t. 88. 2.239).

Ce dernier jugement contient un motif que l'on pourrait retourner contre le système qu'il applique. « Attendu qu'il est constant qu'en soumettant la constitution des sociétés anonymes par actions à des formalités rigoureuses, le législateur a voulu protéger le public contre les abus et la fraude auxquels peut donner lieu ce genre de société. » — Pourquoi alors faire un triage dans la loi et écarter les dispositions pénales et les responsabilités civiles : où la loi est applicable ou elle ne l'est pas ; hors de là il n'y a qu'arbitraire.

V. aussi Paris, 21 mai 1892, D. 92.2.235.

2° Les articles 25 et 32 sur la nomination des commissaires pour la vérification des comptes, Toulouse, 23 mars 1887, *Gaz. du Pal.*, 87.1.791.

3° Les articles 41 et 42 sur les nullités et la responsabilité des fondateurs et administrateurs (Toulouse, 23 mars précité).

C'est ici le lieu de signaler un jugement assez curieux rendu par le tribunal civil de Lille (2ᵉ ch.), en date du 15 juin 1885 (*Revue des sociétés*, 1885, p. 552). Ce jugement admet la nullité d'une société civile pour défaut de souscription intégrale du capital social, du versement du quart et de l'approbation des apports en nature, mais par une contradiction singulière, il refuse d'appliquer aux fondateurs la responsabilité solidaire de l'article 42 de la loi de 1867.

Dans le sens du deuxième système, il a été jugé que la loi du 24 juillet 1867 et plus spécialement les articles 1 et 24 de ladite loi subordonnant la validité de la constitution des sociétés anonymes à la condition du versement préalable du quart du capital social, n'est applicable qu'aux sociétés commerciales : elle est inapplicable aux sociétés civiles qui ont adopté la forme de l'anonymat ou de la commandite par actions. Le défaut de versement préalable du quart du capital social ne saurait pour ces dernières sociétés en faire prononcer la nullité, alors même que le dit versement est exigé par une clause de leurs statuts, s'il n'est pas formellement exprimé dans ces statuts que ce versement est exigé à peine de nullité (1).

On le voit, en dehors de l'application ou de la non-application intégrale de la loi de 1867 il n'y a qu'arbitraire.

Nous maintenons quant à nous, que *les dispositions* RESTRICTIVES ET PÉNALES de *cette loi sont applicables aux sociétés civiles par actions.*

---

(1) V. *Gazette du Palais*, Répert. alph. Société, Vᵒ *Sociétés civiles à formes commerciales*. Cf. les arrêts cités.

§ 11. — Les articles 69 et 70 ajoutés à la loi du 24 juillet 1867 par la loi du 1ᵉʳ août 1893 sont-ils applicables aux sociétés civiles à formes commerciales ?

Le nouvel article 69 est ainsi conçu :

« *Il pourra être constitué hypothèque au nom de toute société commerciale en vertu des pouvoirs résultant de son acte de formation même sous seing-privé, ou des délibérations ou autorisations constatées dans les formes réglées par le dit acte. L'acte d'hypothèque sera passé en la forme authentique conformément à l'article* 2127 *du Code civil.*

Voici l'hypothèse prévue par ce texte : une société a besoin de contracter un emprunt et veut fournir à ses prêteurs une garantie hypothécaire : elle agira par l'organe de ses administrateurs. Ceux-ci tiennent le pouvoir de consentir hypothèque ou bien des statuts ou bien d'une délibération de l'assemblée postérieure à la rédaction des statuts. Avant la loi du 1ᵉʳ août 1893 on se demandait si les statuts ou la délibération de l'assemblée générale conférant aux administrateurs le pouvoir d'hypothéquer devaient être contenus dans un *acte authentique* ?

La Cour de cassation décidait l'affirmative et elle était soutenue par la très grande majorité de la doctrine ; il est en effet de principe que le mandat doit être donné dans les formes exigées par la loi pour la validité de l'acte qu'il confère le pouvoir d'accomplir. Quand le législateur impose certaines formes solennelles pour la validité d'un acte, c'est qu'il le considère comme dangereux pour l'une au moins des parties : il entoure l'accomplissement de cet acte de certaines solennités pour attirer l'attention de celui qu'il veut protéger et l'empêcher d'agir sans avoir mûrement réfléchi. Dans la constitution d'hypothèque c'est le débiteur qui est l'objet des sollicitudes de la loi ; elle lui donne un conseil, le notaire dont la présence est exigée pour la validité du contrat. Permettre au débiteur de donner par acte sous seing privé le mandat d'hypothéquer, ce serait le dépouiller des garanties dont le législateur a voulu l'entourer.

En matière de société, cette exigence de la loi avait de grands inconvénients pratiques ; le nouvel article 69 est venu y porter remède.

Ce texte suppose deux cas :

1er *cas*. Les statuts donnent aux administrateurs le pouvoir d'hypothéquer les biens sociaux : il ne sera pas nécessaire que les statuts soient rédigés dans la forme authentique.

2e *cas*. Les statuts ne donnent pas aux administrateurs le pouvoir d'hypothéquer les biens sociaux : il suffira que le mandat leur soit donnée par une délibération de l'assemblée générale et les statuts régleront la forme dans laquelle cette délibération doit être constatée.

Quel est le champ d'application de cet article 69 *nouveau*.

Évidemment il s'applique même aux *sociétés commerciales* constituées avant sa promulgation. Nous ne croyons pas cependant qu'il valide les mandats sous seings privés déjà donnés aux administrateurs pour hypothéquer les biens sociaux. Sans doute le mandat se perpétue tant qu'il n'est pas révoqué (*Arg.*, *art.* 2003, *C. civ.*), mais cette perpétuité du mandat suppose qu'il ait été *validement* donné *ab initio* : ce n'est pas ici le cas.

Mais faut-il étendre la portée d'application de ce texte aux *Sociétés civiles à formes commerciales*.

Le texte dit « *toute société commerciale* » et il apporte une exception à une règle générale. En principe on ne saurait donc argumenter par analogie.

Cependant par suite des incidents qui ont accompagné la confection de la loi, nous croyons que l'on peut faire *bénéficier les sociétés civiles à formes commerciales* de cette disposition de faveur.

En effet le texte de l'article 68 *nouveau* voté par la Chambre portait « quel que soit leur objet les sociétés *en commandite* et *anonymes...* sont *commerciales* ». Cette disposition atteignait les sociétés existantes lors de la promulgation de la loi. Seule la société à objet civil ayant adopté la forme *en nom collectif* restait *société civile à formes commerciales* et il n'y avait aucune raison pratique pour l'exempter de la solennité du mandat pour constituer hypothèque, les associés étant peu nombreux. Mais le Sénat, rejetant l'effet rétroactif, substitua la rédaction «*seront commerciales* » au texte voté par la Chambre. Les sociétés antérieures ayant un objet civil et revêtant la forme *en commandite* ou *anonymes sont restées sociétés civiles à formes commerciales.* Pour répondre au but de *simplification pratique* poursuivi par le législateur, il aurait fallu remanier aussi le texte de l'article 69. On n'y a pas pensé.

Donc, pour appliquer l'article 69 dans *son esprit très certain*, il faut l'étendre aux sociétés civiles *à formes commerciales*, tout au moins à celles qui sont constituées dans les formes *de la commandite* ou *de l'anonymat*.

Quant à l'article 70 *nouveau*, son texte est clair et est applicable à toute espèce de société *civile* ou *commerciale* ; il est ainsi conçu :

« Dans les cas où *les Sociétés* ont continué à payer *les intérêts* ou *dividendes* des actions, obligations ou tous autres titres *remboursables par suite d'un tirage au sort, elles ne peuvent retenir ces sommes lorsque le titre est présenté au remboursement.*

Cette question était très vivement discutée avant la décision législative contenue dans ce texte.

§ 12. — Règles fiscales.

Malgré la personnalité de la société, l'enregistrement ne considère pas l'apport comme une aliénation faite par l'associé à la société : aussi l'apport n'est-il pas taxé au droit de mutation mobilière ou immobilière ou au droit d'obligation. La loi de frimaire an VII fait varier ce droit entre 4 et 1 0/0.

Les apports avaient été déclarés sujets à un droit fixe : en 1872 ce droit fixe fut gradué à raison de 5 francs par 5000 francs. La loi du 28 avril 1893 a converti ce droit gradué en un droit proportionnel de 20 centimes 0/0 sur le capital social.

La loi dit que la faveur du droit proportionnel social ne s'étend point aux clauses qui « *contiendraient obligation, libération ou transmission de biens meubles ou immeubles entre les associés ou autres personnes* ».

Ces stipulations sont soumises au tarif proportionnel habituel.

La formule de la loi a besoin d'interprétation, car, prise à la lettre, elle conduirait à frapper tout le capital social du droit de mutation, car les apports sont bien transmis en propriété au capital social. La loi a voulu dire que, s'il se trouve adjointes à l'acte de société, des conventions ayant pour objet de rétribuer par un prix à forfait, une valeur ou un travail acquis à la société, il y aura lieu de percevoir au sujet de ces conventions un droit proportionnel.

M. Thaller (1) cite comme exemple de conventions passibles de ce dernier droit — un traitement fixe convenu au profit du gérant — la cession d'un immeuble que la société achèterait à un prix déterminé, l'engagement contracté par la société de prendre à son compte le montant des char-

---

(1) Thaller, *op. cit.*, n° 266.

ges grevant un apport, afin d'en libérer l'associé, comme la transmission à la société d'une usine avec son passif.

Si l'acte de société porte sur des immeubles il donnera lieu à la perception d'un droit de transcription qui est de 1 fr. 50 0/0. — Contrairement à ce qui a lieu en matière de vente, les parties peuvent retarder à leur gré, la transcription au bureau des hypothèques, et n'acquitter le droit qu'à ce moment.

Le fisc atteint encore les dividendes, ils sont passibles d'un impôt de 4 0/0, perçu par l'administration de l'enregistrement.

A ce sujet, il y a à signaler UNE DIFFÉRENCE *entre les sociétés de commerce et les sociétés à formes commerciales.* D'après une loi du 1er décembre 1875 l'impôt de 4 0/0 n'atteint pas les dividendes distribués aux associés en nom ou aux commandités. Le bénéfice de cette loi ne saurait être étendu aux sociétés civiles ayant emprunté la forme en nom collectif ou en commandite : celles-ci sont soumises sans restrictions à l'impôt de 4 0/0 sur le revenu (Cass. 18 nov. 1878, D. P. 1879. 1.229).

C'est la société qui fait l'avance de l'impôt au Trésor : elle en retient le montant sur le dividende de chaque associé. Si la société ne communique pas à la régie les procès-verbaux des délibérations déterminant les bénéfices : cette dernière ne peut dans les sociétés par intérêt, perquisitionner dans les écritures du siège social : la société sera présumée avoir un bénéfice égal à 5 0/0 des mises.

L'impôt de 4 0/0 frappe également les arrérages et intérêts annuels des emprunts et des obligations. La jurisprudence soumet à cet impôt (Cass., 6 juil. 1880. D. P. 1880. 1.393) les emprunts des sociétés en nom collectif. Cette solution est très controversée (1).

Il y a aussi pour les sociétés l'impôt du timbre.

(1) Lyon-Caen et Renault, *op. cit.*, n° 622.

Les cessions d'actions et coupons d'actions mobilières des compagnies et sociétés d'actionnaires étaient soumises par l'article 69 de la loi de frimaire an VII, à un droit proportionnel de 50 centimes par cent francs. C'était un droit d'acte auquel on pouvait facilement échapper en transmettant par transfert ou tradition. La loi du 5 juin 1850 transforma cet impôt en un droit de timbre : ce droit est de 50 centimes, plus les décimes, par cent francs du capital nominal de la société pour celles qui ne doivent pas durer plus de dix ans ; il est de un franc, pour les autres.

Les sociétés pour ne pas payer immédiatement le droit de timbre, peuvent contracter un abonnement de 6 centimes pour cent francs de capital.

Les cessions à titre onéreux d'actions et d'obligations sont grevées encore d'un droit de transmission de 0 fr. 50 0/0 (Loi du 29 juin 1872).

Pour la perception de cette taxe il faut distinguer les titres nominatifs des titres au porteur.

Pour les premières le droit se perçoit lors du transport réel, c'est-à-dire quand le transfert est porté sur les registres de la société.

Pour les seconds, qui peuvent se transférer sans aucune constatation le droit a été transformé en une taxe annuelle de 0.20 0/0 sans décimes : la société en fait l'avance au Trésor et elle le recouvre sur les actionnaires, par voie de retenue sur les dividendes.

§ 13. — L'article 35 de la loi du 29 juillet 1881 sur la presse est-il applicable aux directeurs ou administrateurs des sociétés civiles à formes commerciales ?

L'article 35 de la loi du 29 juillet 1881 sur la presse porte dans son deuxième alinéa :

« *La vérité des imputations diffamatoires et injurieuses pourra être également établie contre les directeurs ou admi-*

nistrateurs de toute entreprise industrielle, commerciale ou financière FAISANT PUBLIQUEMENT APPEL A L'ÉPARGNE OU AU CRÉDIT.

Très certainement cette disposition est applicable aux directeurs ou administrateurs des sociétés civiles à formes commerciales, si *elles font publiquement appel à l'épargne ou au crédit.* On ne voit pas la raison qui les ferait excepter.

**§ 14. — Résumé du régime des sociétés civiles
à formes commerciales.**

Pour conclure et nous résumer, nous décidons :

1° Que les sociétés civiles à formes commerciales sont des personnes morales.

2° Que lorsqu'une société est revêtue d'une forme commerciale le contrat doit être rédigé par écrit.

3° Que les statuts de la société doivent être publiés dans les formes établies par le titre IV de la loi du 24 juillet 1867.

4° Que selon la forme dont la Société est revêtue la responsabilité des associés dans les pertes est plus ou moins étendue.

5° Que les causes de dissolution de la Société sont différentes suivant sa forme.

6° Que le bénéfice de la prescription de cinq ans (art. 64, C. civ.) ne peut être étendu aux associés lorsque la société est civile par son objet et commerciale seulement par sa forme.

7° Que, dans une société de cette nature, les contestations entre associés sont de la compétence du tribunal civil.

8° Que l'obligation de tenir des livres ne concerne pas les sociétés civiles à formes commerciales.

9° Que les sociétés civiles à formes commerciales ne

sont pas soumises à la faillite et à la liquidation judiciaire.

10° Que les dispositions restrictives de la loi du 24 juillet 1867 ainsi que les responsabilités civiles et les sanctions pénales qu'elle édicte, sont applicables aux sociétés civiles à formes commerciales.

11° Que l'article 69 *nouveau* et l'article 70 *nouveau* de la loi du 24 juillet 1867 sont également applicables aux sociétés civiles à formes commerciales.

12° Qu'en vertu de l'article 35 de la loi du 19 juillet 1881 sur la liberté de la presse, la preuve des faits diffamatoires peut être admise contre leurs directeurs ou administrateurs.

CHAPITRE III

La loi du 1ᵉʳ août 1893 a pour effet de rendre commerciales quel que soit leur objet, les sociétés en commandite et anonymes (art. 68 nouveau de la loi de 1867) qui se constitueront postérieurement à sa promulgation. Cette disposition assure à ces sociétés l'avantage d'un régime bien défini : puisque, sociétés commerciales, elles seront soumises à toutes les règles de fond et de forme du Code de commerce et de la loi du 24 juillet 1865.

Mais les sociétés constituées antérieurement à cette loi restent civiles : elles sont donc dans une situation moins favorable. Aussi il est à prévoir qu'elles vont chercher à bénéficier des avantages de la loi nouvelle. Nous verrons qu'elles le peuvent sous certaines réserves, en se commercialisant. Mais, cette commercialisation, ne les empêche pas d'avoir été sociétés civiles à formes commerciales et soumises comme telles aux règles de fonds dès sociétés civiles. Après leur commercialisation, elles ne constituent pas une société nouvelle ; la société commercialisée est un prolongement de l'ancienne société, si l'on peut ainsi parler. Celle-ci pourra avoir des engagements antérieurs à la transformation ; il y aura là une *situation intermédiaire* que nous devons étudier pour épuiser complètement le sujet de cette étude.

§ 1. — **Les sociétés civiles à formes commerciales peuvent-elles se transformer en sociétés de commerce ?**

Le législatenr de 1893 n'a disposé què pour l'avenir. Le texte de l'article 68 nouveau de la loi de 1867 ne laisse aucun doute à cet égard, comme nous l'avons déjà fait remarquer au commencement de cette étude. Il est bon d'en rappeler ici la teneur.

« *Quel que soit leur objet les sociétés en commandite ou anonymes qui seront constituées dans les formes du Code de commerce ou de la présente loi seront commerciales et soumises aux lois et usages du commerce.* »

Cette rédaction, on le sait, est l'œuvre de la commission sénatoriale. Dans les dispositions transitoires du projet voté par la Chambre des députés figurait un alinéa, l'avant dernier, spécifiant que l'article 68 s'appliquerait aux sociétés déjà existantes. Le Sénat repoussa cette rétroactivité et pour ne laisser subsister aucun doute, il modifia le texte de l'article 68. Celui que la Chambre des députés avait adopté était ainsi concu « quel que soit leur objet, les sociétés en commandite et anonymes constituées dans les formes du Code de commerce ou de la présente loi *sont commerciales...* Le Sénat y substitua une rédaction nouvelle qui est l'article 68 :

« Quel que soit leur objet les sociétés en commandite et anonymes qui *seront constituées...... seront* commerciales.... »

En ne donnant pas d'effet rétroactif à cet article 68, le législateur laissait s'introduire dans la matière des sociétés une certaine incohérence. Des sociétés de même forme se trouvaient soumises à un régime différent, suivant la date de leur fondation. Comme en faisant la loi nouvelle on poursuivait un but d'unité, il était naturel de faciliter la suppression de cette incohérence en permettant aux so-

ciétés auxquelles cette loi n'était pas applicable de se soumettre volontairement à ses prescriptions.

Le législateur de 1893 leur a-t-il donné cette faculté ?

Il faut remarquer d'abord avec M. Thaller, que cette
faculté est conforme à tous les précédents que nous livrent les lois sur les sociétés de ces quarante dernières
années.

« Lorsque le législateur, dit-il, crée un nouveau type
de société plus souple, plus commode, mieux approprié
au crédit que ne l'étaient les types antérieurs, un de ses
premiers soins est de le mettre à la disposition des entreprises déjà en marche. Si la Réforme avait été faite quelques années plus tôt au moment où se sont montées ces
entreprises, elles n'auraient pas manqué de placer leurs
statuts sous son empire. Va-t-on maintenant leur faire
reproche de leur ancienneté et laisser à côté d'elles de
nouvelles entreprises dans le même ordre d'exploitation,
user d'un traitement de faveur auxquels les premiers
venus n'auraient point droit. Voilà qui serait bien mal
comprendre la loyauté de la concurrence. Va-t-on les contraindre à liquider pour reconstituer sur les débris de leur
capital une société nouvelle qui très certainement obéirait
à la réforme ?

« Non, la loi ne manque jamais d'être accompagnée de
dispositions transitoires qui ont précisément pour but de
ménager aux sociétés en cours de passer sous le statut
nouveau tout en restant elles-mêmes, par une modification
de statuts, par un vote de l'assemblée générale réunissant
la moitié du capital social. En 1867 par exemple on a reconnu aux sociétés anonymes fondées avec l'autorisation
du gouvernement, la faculté de se transformer en société
anonyme, dans les termes de la loi nouvelle et on sait
combien nombreuses sont les compagnies qui ont profité
et profitent encore de cette faculté (1). »

(1) Thaller, *Annales de droit commercial*, 1894, Doctrine, p. 129.

Le législateur de 1893 n'a pas rompu avec cette tradition ; dans son article 7, il a édicté plusieurs dispositions transitoires parmi lesquelles *in fine* s'en trouve une ainsi conçue :

« *Les sociétés civiles actuellement existantes sous d'autres formes* POURRONT, *si leurs statuts ne s'y opposent pas se* TRANSFORMER EN SOCIÉTÉS EN COMMANDITE OU EN SOCIÉTÉS ANONYMES *par décision d'une assemblée générale spécialement convoquée et réunissant les conditions tant de l'acte social que de l'article* 31 *ci-dessus* (il s'agit de l'article 31 de la loi de 1867).

De quelles sociétés s'agit-il dans ce texte ?

Lors de la discussion du projet, M. Thellier de Poncheville signala à la Chambre l'existence, dans le Nord et le Pas-de-Calais, de sociétés civiles, spécialement de sociétés houillères, constituées sous des formes diverses qu'aucune loi n'a prévues ni réglementées. Il dissuada la Chambre de les soumettre malgré elles au régime nouveau, mais pour leur permettre de bénéficier de ce régime, si elles le voulaient, on vota le dernier paragraphe de l'article 7, facilitant leur transformation.

Mais le législateur n'a pas prévu d'une façon explicite la transformation volontaire des sociétés civiles à formes commerciales actuellement existantes en sociétés de commerce. Faut-il en conclure qu'elles ne peuvent se transformer ?

« Il serait étrange, remarque M. Bouvier-Bangillon (1), que le législateur permît à des sociétés auxquelles ne s'applique aucunement la loi nouvelle de se placer sous l'empire de cette loi et ne le permît pas aux sociétés qu'elle vise mais qu'elle régit pour l'avenir, sans vouloir les régir pour le passé. D'autre part les sociétés civiles en commandite et anonymes sont infiniment plus nombreuses que les so-

(1) *Op. cit.*

c. — 7

ciétés civiles à formes innommées dont s'occupe l'article 7. Le législateur dans son désir d'unification aurait donc visé les sociétés de beaucoup les moins nombreuses et seulement celles-là.

.…« Enfin, le rapport de M. Thevenet au Sénat. Les sociétés existantes ne seront régies que si elles le désirent par la loi nouvelle. Donc, si elles le désirent, elles seront régies par la loi nouvelle.

« Objecte-t-on l'absence d'un texte dans la loi : la lacune est facile à expliquer et on ne peut rien en tirer contre nous. Rappelons-nous que primitivement, le projet voté par la Chambre admettait l'effet rétroactif de l'article 68 nouveau. Il n'y avait donc pas besoin de dispositions transitoires. Il n'y en avait une, d'une portée restreinte, que pour les sociétés à formes innommées qui n'étaient pas soumises à la loi nouvelle. Le Sénat, enlevant à ce texte l'effet rétroactif, aurait dû édicter une disposition transitoire relative aux sociétés en commandite ou anonymes qui voudraient se transformer : on n'y a pas pensé (1). »

L'esprit de la loi de 1893, le but qui l'a dictée, les travaux préparatoires, tout concourt à imposer cette conclusion : *les sociétés en commandite* ou *anonymes constituées antérieurement à la loi nouvelle* POURRONT SE COMMERCIALISER.

Mais il faut déterminer à quelles conditions elles pourront accomplir valablement cette transformation.

§ 2. — A quelles conditions une société civile à forme commerciale peut-elle se commercialiser ?

Le texte de la loi n'étant pas plus explicite sur ce point que sur celui qui fait l'objet du précédent paragraphe, on est obligé de deviner la pensée du législateur à l'aide des

(1) Bouvier-Bangillon, *Législation nouvelle des sociétés*, p. 34.

travaux préparatoires et des dispositions visant des cas ayant une certaine analogie avec celui qui nous occupe en ce moment.

Cette pensée du législateur nous semble ressortir avec évidence de l'article 7. L'analyse de ce texte nous montre que le fait par une société non visée par l'article 68 de se soumettre aux dispositions de ce dernier article doit être considéré comme une modification aux statuts. L'article 7 vise en effet l'article 31 de la loi du 24 juillet 1867 ; or cet article 31 règle la constitution et les conditions auxquelles peut délibérer valablement une assemblée « *qui a à délibérer sur des modifications aux statuts* ». Le rapport de M. Thellier de Poncheville à la Chambre vient corroborer cette interprétation : « Nous avons pensé, dit-il, que cette transformation pourrait être valablement décidée par une assemblée générale spécialement convoquée et délibérant dans les formes prévues pour les modifications des statuts. »

De tout cela nous croyons pouvoir conclure que si une société civile en commandite ou anonyme veut devenir commerciale, sa commercialisation pourra être valablement votée par une assemblée générale spécialement convoquée et réunissant les conditions voulues pour les modifications des statuts.

Ici, se pose une question. L'article 31 de la loi de 1867 y est spécial aux sociétés par actions : est-ce que le législateur de 1893 a voulu étendre ces dispositions aux assemblées générales ayant à délibérer sur la commercialisation d'une société civile en.commandite ?

M. Bouvier-Bangillon (1) ne le pense pas : « transporter, dit-il, l'article 31 aux sociétés en commandite par actions, serait innover et pour une pareille innovation il faudrait

(1) *Op. cit.*

que le législateur manifestât sa volonté d'une façon nette. Tout doute doit s'interpréter en faveur du maintien du *statu quo*. Dans l'hypothèse prévue par notre disposition transitoire, il s'agit d'une société à forme innommée : le législateur, en visant l'article 31, ne rompt pas avec une situation légale précédente. D'autre part, il n'est pas seulement question de donner à la société la qualité de société commerciale, mais encore une forme nouvelle ; il y a doute sur la volonté du législateur.

« Il faut donc appliquer le droit commun, c'est-à-dire que, suivant l'opinion générale, en matière de sociétés en *commandite par actions*, les statuts règlent souverainement la matière et l'assemblée générale peut valablement modifier les statuts pourvu qu'elle se conforme aux clauses de ces mêmes statuts sur la tenue de l'assemblée. Si les statuts gardent le silence une assemblée composée d'un nombre quelconque d'actionnaires peut délibérer valablement sur les modifications proposées. »

Tous les jurisconsultes ne partagent pas cette opinion. Pour certains (1), cette solution est contraire au *texte formel* de l'article 7 de la loi de 1893 exigeant que la délibération décidant la transformation, réunisse les conditions tant de l'acte social que de l'article 31, c'est-à-dire que dans tous les cas l'assemblée générale devra réunir au moins la moitié du capital social.

Mais ces auteurs l'oublient, si le texte est formel, il l'est pour les sociétés civiles à formes innommées, seules visées directement. Pour les sociétés civiles à formes commerciales, on induit seulement de l'article 7 *in fine*, par argument d'analogie, le caractère attribué par le législateur au fait de la commercialisation : on lui reconnaît le caractère d'une *modification aux statuts.* Dès lors, l'interprète ne

(1) **Houpin,** *Traité des Sociétés civiles et commerciales,* n° 471.

peut plus par cette même raison d'analogie, déroger aux
règles générales posées par le législateur pour la validité
des modifications aux statuts. Il faut un texte formel pour
créer une exception au droit commun : ce texte n'est pas
dans la loi. Aussi acceptons-nous la solution donnée par
M. Bouvier-Bangillon, comme la plus conforme aux vrais
principes de l'interprétation juridique.

Une remarque importante s'impose à propos de la *commandite par actions* ; dans le silence des statuts, le commandité pourrait valablement s'opposer à la commercialisation décidée par l'assemblée générale des actionnaires.
Il a en effet intérêt à éviter cette commercialisation qui le
rendra personnellement commerçant et comme tel passible
de la faillite : car la faillite de la société en commandite
entraîne celle du commandité. La commandite par actions
est composée de deux unités : l'ensemble des actionnaires,
formant, si l'on va au fond des choses, une société anonyme
par actions d'une part, et, le ou les commandités d'autre
part : or les décisions modificatives des statuts ne peuvent
être prises sans le consentement des deux unités dont l'accord a constitué la société.

On a soutenu que l'article 68 nouveau ne visait pas la
commandite par intérêt. Nous n'avons pas admis cette
opinion. Cette société pourra donc se transformer en société de commerce, mais il faudra pour la validité de cette
transformation le consentement de tous les associés. Si
l'acte de société permettait à la majorité de modifier les
statuts, la volonté de la majorité serait bien entendu suffisante.

La société en nom collectif n'est pas régie par l'article 68. Elle reste soumise à l'ancien critérium, son objet
décidera de son caractère. Si une société de ce genre veut
devenir commerciale, il lui faudra se transformer en société en commandite ou en société anonyme. Le consente-

ment unanime des associés sera nécessaire pour changer
la forme et en adopter une, emportant commercialisation.

L'article 7 *in fine* permet à une société de se transformer seulement si les statuts ne s'y opposent pas. Evi-
demment cette disposition ne vise pas la commercialisation des sociétés en commandite et anonymes, car les
innovations de la loi de 1893 n'avaient pu entrer dans les
prévisions des parties. Celles-ci, tout au contraire, pouvaient parfaitement prévoir et défendre la transformation
de la société en nom collectif ou à forme innommée en société *en commandite* ou *anonyme*, formes alors existantes.
Comme leur adoption est indispensable pour bénéficier
de l'article 68, toutes les fois que semblable prohibition
existera dans les statuts, la société ne pourra pas se commercialiser.

§ 3. — Effets de la commercialisation d'une société civile à forme commerciale.

Quel but poursuivait le législateur en soumettant, quel
que fût leur objet, les sociétés en commandite et anonymes aux lois et aux usages du commerce ?

Très certainement il a voulu les obliger à tenir des livres : c'est une obligation de toute personne commerçante
(art. 8, C. com.). Ces livres auront la force probante des
livres de commerce tenus par les commerçants ordinaires.

Très certainement aussi, il a entendu soumettre les contestations entre associés à la compétence du tribunal de
commerce, car ces tribunaux connaissent des contestations
entre associés « *pour raison de société de commerce* »
(art. 631, C. com.). A-t-il également voulu soumettre à la
compétence du tribunal de commerce tous les litiges intéressant ces sociétés ?

Nous savons que la compétence du tribunal de commerce
dépend de la nature de l'acte litigieux : si donc en rendant

commerciales les sociétés en commandite et anonymes ayant un objet civil, le législateur a entendu imprimer aux actes faits par ces sociétés le caractère commercial, le tribunal de commerce sera compétent pour connaître des procès auxquels les opérations sociales donneront lieu. Nous ne croyons pas que le législateur ait eu cette intention. Nous espérons du moins le prouver (V.*infra* et art.631, C.com.).

Le législateur a également voulu faire bénéficier ces sociétés des avantages que confère la qualité de société de commerce — l'obligation restreinte aux apports pour le commanditaire et l'actionnaire (faveur qui pour nous existait avant la commercialisation comme inhérente à la forme, mais que la jurisprudence refusait d'admettre la considérant comme une condition de fond) — la prescription de cinq ans de l'article 64 du Code de commerce.

Tout cela découle du texte de l'article 68 «... seront commerciales et *soumises aux lois et aux usages du commerce* ».

Mais d'après ces lois et ces usages « tout commerçant qui cesse ses paiements est en état de *faillite* » (art. 477, C. com.) : s'il se conforme aux dispositions de la loi du 4 mars 1889 il peut obtenir le bénéfice de la *liquidation judiciaire*.

Le législateur a-t-il entendu soumettre les sociétés visées par l'article 68, à la faillite où à la liquidation judiciaire, on l'admet unanimement et les travaux préparatoires ne laissent aucun doute sur l'exactitude de cette opinion.

D'abord à la Chambre des députés, M. Thellier de Poncheville proposait la disposition suivante :

« Les sociétés civiles peuvent se constituer sous la forme de société en commandite par actions ou de société anonyme avec les conséquences que ces formes entraînent, mais sans perdre leur caractère civil. »

La commission puis l'assemblée repoussèrent ce projet pour adopter l'article 68 et M. Clausel de Coussergues dit très explicitement dans son rapport que la rédaction proposée par M. Thellier de Poncheville doit être rejetée parce qu'elle ne soumet pas les sociétés à la faillite « avec ses sanctions contre les détournements ou les dissipations, ses règles protectrices de l'égalité entre créanciers, l'économie et la promptitude de la réalisation et de la répartition de l'actif » (1).

Au Sénat l'article 68 souleva une discussion très vive entre le rapporteur M. Thevenet et M. Bardoux qui voulait revenir à l'ancien texte voté par le Sénat en 1884. « Les sociétés civiles qui divisent leur capital en actions doivent se conformer aux prescriptions de la présente loi sous les mêmes sanctions civiles ou pénales. »

« Vous voulez, disait M. Bardoux, pouvoir mettre les sociétés civiles revêtues de la forme commerciale en faillite. Pourquoi ? On prétend, qu'il y aura de sérieux avantages pour les créanciers à la mise en faillite des sociétés civiles par la rapidité de la liquidation de l'actif.

« Mais, Messieurs, permettez-moi de vous le dire, c'est une erreur. »

M. Thevenet lui répond : « Reste la faillite dont on ne veut à aucun prix !..... La faillite est un mode de liquidation excellent et le meilleur de tous. »

Sur ces explications, le Sénat vota l'article 68 nouveau de la loi de 1867.

Le législateur a donc bien voulu soumettre à la faillite, les sociétés en commandite ou anonymes quel que soit leur objet.

Cette conclusion conforme aux indications des travaux préparatoires soulève une grosse difficulté qui peut être

---

(1) Rapport Clausel de Coussergues.

ainsi formulée : l'article 68 ne soumet pas expressément à la faillite les sociétés y visées : il se borne à dire qu'elles seront soumises *aux lois et aux usages du commerce*. D'après ces lois et ces usages, la faillite ne peut être déclarée que pour défaut de paiement de dettes commerciales. Mais ces sociétés n'auront pas de dettes commerciales puisqu'elles se livrent à des opérations civiles. Peut-on sans un texte formel et par une induction tirée des travaux préparatoires déroger aux règles essentielles de la faillite ?

L'objection est des plus sérieuses ; on a imaginé deux systèmes pour l'écarter.

Dans un premier système, on soutient que par la volonté de la loi les actes civils faits par ces sociétés prennent le caractère d'actes de commerce.

Dans un second système, on dit qu'il n'est pas de l'essence de la faillite de n'être déclarée que pour défaut de paiement de dettes commerciales.

Pour prendre parti nous devons donc examiner successivement deux questions :

A. Quelle est la nature des actes faits par une société commercialisée.

B. La faillite suppose-t-elle essentiellement la cessation de paiement de dettes commerciales.

A. — *Quelle est la nature des actes faits par une société commercialisée ?*

On peut ranger les opinions émises sur cette question en deux catégories bien tranchées.

D'une part on décide que le législateur n'a pas voulu apporter d'innovation à la théorie des actes de commerce telle qu'elle est établie par les articles 631 et suivants du Code de commerce.

D'autre part on affirme qu'il y a dans la loi nouvelle une innovation ; mais il y a dissidence sur la portée de cette innovation.

Ces deux opinions se répartissent dans quatre systèmes.

Premier système. — Le législateur n'a pas innové. C'est celui qu'enseigne M. Lyon-Caen et auquel M. Bouvier-Bangillon a apporté l'appui d'arguments très sérieux.

Deuxième système. — Il est préconisé par M. Thaller (1), d'après qui le législateur de 1893 donne à tous les engagements d'une société à objet civil, mais commerciale à raison de sa forme ou commercialisée, le caractère d'engagements de commerce et ce par une présomption légale irréfragable : toutefois par une raison d'utilité pratique les opérations sur les immeubles garderaient le caractère civil.

Troisième système. — C'est celui de M. Lacour (2), c'est la même théorie que celle enseignée par M. Thaller, mais sans l'exception admise pour les opérations sur les immeubles qui auraient elles-mêmes le caractère commercial.

Quatrième système. — Il est proposé par M. Arthuys (3). Tous les actes se rapportant directement au but de la société sont commerciaux et tous les actes faits par la société sont présumés jusqu'à preuve contraire faits dans l'intérêt principal de son entreprise.

Telles sont les solutions proposées.

Nous nous rangeons à l'opinion de MM. Lyon-Caen et Bouvier-Bangillon parce qu'elle nous semble résulter d'une interprétation de la loi plus conforme aux vrais principes juridiques.

Il faut d'abord remarquer que le législateur énumère limitativement, dans les articles 631 et 633 du Code de commerce, quels sont les actes réputés de commerce. Tout le monde est d'accord sur ce point.

(1) *Annales de Droit commercial*, 1894, Doctrine, p. 129.
(2) Lacour. Note sous un arrêt de Paris, D. P. 1895.2.105.
(3) Arthuys, *Revue crit.*, 1897, p. 273.

Par conséquent l'interprète ne saurait ajouter une nouvelle catégorie aux actes ainsi délimités sans une volonté du législateur formellement exprimée ou se supposant nécessairement par les conséquences qu'il en aurait tirées.

Dans le texte de l'article 68, rien n'indique que le législateur ait voulu commercialiser les actes civils faits par les sociétés dont il s'occupe. Mais, n'y a-t-il pas dans la loi des dispositions supposant nécessairement chez le législateur, la volonté de rendre commerciaux les actes de ces sociétés.

On a voulu voir une de ces dispositions dans le fait de soumettre ces sociétés à la faillite ou à la liquidation judiciaire. Nous réservons l'argument et espérons montrer qu'il ne porte pas (V. *infrà*).

M. Lyon-Caen dit avec beaucoup de justesse :

« Il faut éviter une erreur que des auteurs ont récemment commise. Ce sont les sociétés par actions (1) ayant un objet civil qui ont été déclarées commerciales, mais le législateur ne s'est pas occupé du caractère des actes faits par ces sociétés, considérés en eux-mêmes. Ces actes conservent donc le caractère civil. Il n'y avait aucune bonne raison ni théorique ni pratique pour imprimer le caractère commercial lorsqu'ils sont faits par des sociétés à des actes ayant le caractère civil quand ils sont accomplis par des individus (2). »

MM. Thaller et Lacour soutenant l'opinion contraire, font valoir la bizarrerie créée par la loi nouvelle si l'on accepte la doctrine de M. Lyon-Caen.

« Le commerçant, disent-ils, est celui qui exerce des actes de commerce et en fait sa profession habituelle. La qualité personnelle du commerçant résulte de la pratique conti-

---

(1) Nous croyons que la disposition de la loi nouvelle s'étend à la commandite par intérêt.
(2) Lyon-Caen, *Revue du commerce et de l'industrie*, 1894, p. 148.

nue d'opérations commerciales. La commercialité part du fait et va à la personne, tel est le principe dominant. Ici, nous serions en présence d'un titre commercial déféré à l'exploitant au mépris de cette méthode, au-dessus d'actes que le droit commercial n'atteindrait pas : *un commerçant qui ne fait pas d'actes de commerce.* »

Cette objection pourrait être écartée d'un mot : le législateur est souverain, son droit va jusqu'à commettre des bizarreries. Or, il a très certainement voulu rendre commerciale une société ne faisant pas d'actes de commerce (*arg. des mots* « quel que soit leur objet », art. 68). Il n'est pas contestable que cela crée dans notre droit une situation nouvelle, mais cela, le législateur l'a voulu et il pouvait le vouloir.

Si, du reste, le système du législateur est bizarre, il faut reconnaître avec M. Bouvier-Bangillon (1) que celui que lui prêtent MM. Thaller et Lacour ne l'est pas moins :

« Voici un acte : fait par une personne civile c'est un acte civil, fait par une société, c'est un acte de commerce. Il y a encore une autre bizarrerie plus grande. La loi de 1893 dans l'article 68 (nouveau de la loi de 1867) ne s'occupe que des sociétés à objet civil et aux formes commerciales de la commandite ou de l'anonymat, la société en nom collectif n'est pas visée (pour certains il en est de même de la commandite par intérêt), elle reste donc civile ou commerciale suivant son objet. La modification implicite à la théorie des actes de commerce qui, dit-on, résulte de la loi nouvelle, doit en tous cas être circonscrite dans l'hypothèse prévue par l'article 68. Nous disions tout à l'heure qu'il était bizarre de voir un acte civil lorsqu'il émane d'un particulier devenir commercial lorsqu'il émane d'une société. N'est-il pas encore plus bizarre de

---

(1) **Bouvier-Bangillon**, *Journal des sociétés*, juillet-août 1895. Doctrine.

voir un acte civil lorsqu'il émane d'une société de commerce en nom collectif devenir commercial parce qu'il est fait par une société à objet civil et commerciale à raison de sa forme anonyme ou en commandite, ou commercialisée. De telle sorte que la commercialité de la société se communique moins à ses actes lorsque la société est commerciale à raison de sa forme et de son objet que lorsqu'elle est commerciale par sa forme, abstraction faite de son objet. »

Ce sont là sans doute de sérieuses raisons : mais, elles ne constituent pas un argument invincible. Voici, à notre avis, le critérium permettant de trancher la controverse.

La compétence des tribunaux de commerce tient à la nature des actes et non à la qualité de la personne et c'est à propos de la compétence de ces tribunaux que le législateur dit quels sont les actes de commerce (art.632 et 633). Si donc il ressortait de la loi du 1ᵉʳ août 1893 que le législateur ait voulu rendre le tribunal de commerce compétent pour juger tous les litiges intéressant ces sociétés,on devrait en conclure qu'il a voulu commercialiser les actes faits par elles, sans aucune distinction. C'est précisément la thèse de MM. Thaller et Lacour.

Bien entendu, ces auteurs ne soutiennent pas que cette extension de la juridiction commerciale soit indiquée formellement dans l'article 68 dont le texte nous est connu : mais elle résulterait des travaux préparatoires : le législateur aurait donc implicitement voulu attribuer aux actes faits par ces sociétés le caractère commercial.

Cette conclusion serait indiscutable, si les prémisses en étaient justifiées et M. Thaller essaye d'en prouver l'exactitude par ce passage du rapport de M. Clausel de Coussergues à la Chambre des députés :

« Il faut choisir être société civile ou être société commerciale. Etre régie par une loi ou être régie par une au-

tre avec le bénéfice et les charges respectifs de l'une ou de
l'autre, ou rester sous l'empire de la loi purement civile
avec la garantie pour les tiers de la responsabilité individuelle des associés ou bénéficier de la limitation des pertes aux apports déterminés, mais sous les garanties corres-
pondantes de la *juridiction commerciale avec sa célérité et
son économie*, de la tenue des livres, contrôle nécessaire
des opérations et de l'emploi fait du fonds social, enfin de
la déclaration de faillite avec ses sanctions contre les détournements et les dissipations, ses règles protectrices de
l'égalité entre les créanciers, l'économie et la promptitude
de la réalisation et de la répartition de l'actif... La doctrine aujourd'hui dominante veut que le caractère d'une
société ne puisse se déterminer que par son objet : en conséquence devraient nécessairement rester civiles toutes
celles qui ne se forment qu'en vue d'opérations civiles de
leur nature : il n'y aurait à se préoccuper que des actes
considérés en eux-mêmes abstractivement, sans tenir
compte des circonstances dans lesquelles ils s'accomplissent. Cette conception nous paraît trop absolue. Nous ne
voyons rien d'anormal, rien de contraire aux principes
du Droit à dire que pour déterminer le caractère civil ou
commercial d'actes réalisés par une société, il ne faut pas
se restreindre à la nature intrinsèque des opérations mais
qu'il faut s'attacher aussi à l'esprit de spéculation qui pré-
side à l'entreprise, aux procédés employés, aux appels au
crédit, à la multiplicité des achats, ventes, ou engagements,
qui sont la raison d'être et l'objet des sociétés... »

Cet extrait du rapport de M. Clausel de Coussergues
montre bien sa pensée de commercialiser au moins certains actes faits par les sociétés en question. Mais l'opinion
d'un rapporteur ne prouve pas assez pour décider que le
législateur ait voulu modifier ainsi une des bases de notre
droit commercial.

Le système de M. Thaller, s'il est exact, conduit à dire : qu'à côté d'une première innovation certaine contenue dans l'article 68 (le caractère commercial attribué indépendamment de leur objet et à raison de leur forme aux sociétés en commandite et anonymes), la loi de 1893 a par ce même article établi implicitement deux autres innovations :

1° Par une sorte de présomption légale irréfragable *juris et de jure* toutes les opérations de ces sociétés auront le caractère commercial.

2° Ces sociétés seront soumises à la compétence du tribunal de commerce.

M. Bouvier-Bangillon (1) observe « qu'il y a là deux innovations au régime des sociétés de commerce : d'une part les sociétés de commerce peuvent en principe comme les particuliers (au moins abstraction faite de la loi nouvelle) avoir des engagements civils à côté de leurs engagements commerciaux ; d'autre part les sociétés commerciales ne sont en droit pas plus que les sociétés civiles justiciables des tribunaux de commerce : la compétence commerciale se déterminant d'après la nature des contestations c'est-à-dire d'après la nature des actes à l'occasion desquels naissent ces contestations.

« Ce n'est pas tout. L'article 68 ne vise pas la société en nom collectif (non plus pour certains auteurs que la commandite par intérêt). La société en nom collectif n'est une société de commerce que si son objet est commercial. L'innovation certaine de l'article 68 ne s'appliquant pas à la société en nom collectif, il doit en être de même des deux innovations explicites.

« Si donc le système de MM. Thaller et Lacour doit être admis, les sociétés à forme anonyme ou en commandite

---

(1) *Journ. des sociétés*, art. cité.

vont être désormais soumises à des règles dérogatoires de l'ancien droit commun des sociétés de commerce, droit maintenu même par la loi nouvelle pour certaine société de commerce, la société en nom collectif. »

Peut-on sans un texte formel supposer au législateur la pensée d'apporter de pareilles innovations, n'est-ce pas contraire à toutes les règles d'interprétation ? Il faudrait au moins à défaut de ce texte que la volonté du législateur ressortit avec une évidence indéniable des travaux préparatoires. L'opinion isolée d'un rapporteur n'est pas suffisante pour autoriser l'interprète à bouleverser ainsi les principes de la compétence commerciale.

On peut aussi arguer contre l'opinion de MM. Thaller et Lacour du but poursuivi par le législateur de 1893. Ce même M. Clausel de Coussergues va nous dire quel était ce but. Constatant d'abord le régime mal défini des sociétés civiles à formes commerciales, il s'exprime ainsi :

« Bien des controverses se sont élevées sur le régime auquel dans l'état de notre législation sont soumises les sociétés qui, ayant au fond pour objet des opérations ou une exploitation civiles, adoptent la forme de sociétés par actions. »

Après avoir énuméré ces controverses et ces difficultés qui ont fait l'objet de cette étude, le rapporteur continue :

« Il y a là suivant l'auteur de la proposition des incertitudes et des incohérences qu'il faut faire cesser. Il faut choisir, être société civile ou être société commerciale. Etre régie par une loi ou être régie par une autre avec la charge et les bénéfices respectifs de l'une ou de l'autre. »

Tel est le but de la loi nouvelle : faire cesser des incertitudes et des incohérences. Elles provenaient de la difficulté qu'il y avait, nous le savons, à décider quelle était la législation applicable aux sociétés civiles par leur objet et commerciales par leur forme. Devait-on les soumettre aux règles du Code de commerce et de la loi du 24 juillet 1867 ? fallait-il au contraire s'en tenir aux dispositions du Code civil. Le législateur de 1893 est venu trancher la controverse en déclarant par l'article 68, que les sociétés en *commandite* et *anonymes* seront, quel que soit leur objet, de pures sociétés commerciales et soumises comme telles *aux lois et aux usages du commerce.* Il entend appliquer les lois et les usages du commerce, mais il entend les appliquer *tels qu'ils sont* et on ne peut lui prêter gratuitement l'intention d'*innover à ces lois et à ces usages* : il s'ensuit que les règles de la compétence restent les mêmes.

La conclusion de M. Bouvier-Bangillon (1) s'impose. Il la formule ainsi : « Les sociétés dont s'occupe l'article 68 ne sont pas plus depuis la loi de 1893 qu'auparavant justiciables des tribunaux de commerce, leurs actes ne sont pas plus qu'auparavant uniformément commerciaux. C'est en étudiant intrinsèquement ces actes d'après la théorie générale des actes de commerce, qu'on fixera leur nature civile ou commerciale et la compétence (2) ».

Il n'y a donc pas lieu de discuter la distinction proposée par M. Arthuys : son système très ingénieux est séduisant : il eût probablement été le meilleur en législation, mais dans l'état de nos lois, il est divinatoire et arbitraire.

Ne pourrait-on pas cependant, en faveur de la commercialité des actes, venir dire : cette société commercialisée est une personne commerçante, or jusqu'à preuve contraire les actes faits par un commerçant sont réputés commerciaux. Ces sociétés n'auront-elles pas à prouver le caractère civil de leurs actes ?

C'est le cas d'invoquer l'adage « *Præsumptio sumitur de eo quod plerumque fit* ». Si les actes d'un commerçant sont réputés faits dans l'intérêt de son commerce c'est

(1) **Art.** cité.
(2) V. Appendice.

C. — 8

parce qu'il en est ainsi généralement. Mais le caractère normal des opérations de ces sociétés en fait des actes civils et ce qui se passe le plus souvent ce sont des actes civils. La présomption de commercialité doit être repoussée comme manquant de base.

B. — *La faillite suppose-t-elle essentiellement la cessation de paiements de dettes commerciales ?*

Nous ne le croyons pas. A l'appui de cette opinion, M. Bouvier-Bangillon a publié dans le *Journal des sociétés* (numéros de juillet et août 1895) un très intéressant article dans lequel il propose des arguments très sérieux que l'on n'a pas encore réfutés.

« Pourquoi décide-t-on en doctrine et en jurisprudence que le non-paiement par un commerçant de dettes de nature civile ne suffit pas pour motiver une déclaration de faillite ? Notre regretté collègue et ami, Laurin, va nous l'apprendre ; il résulte de l'esprit général de la loi commerciale qu'il faut, pour qu'une déclaration de faillite soit possible, *un état apparent* de cessation de paiements : or, cet état ne peut résulter uniquement du défaut de paiement d'une dette civile : cette dette constituant au regard du commerçant une rareté ou une exception. Si donc on peut supposer un commerçant dont les actes normaux sont des actes civils (la loi de 1893 ne fait pas autre chose) il suffira pour sa déclaration de faillite, il suffira (nous dirions volontiers il faudra) le refus de paiement d'une dette civile.

« Qu'on veuille bien le remarquer, les textes sont en parfaite conformité avec le rapport que nous établissons entre la cessation des paiements et la nature des dettes dont le refus de paiement entraîne la déclaration de faillite. La loi des faillites de 1838 se borne à dire « tout commerçant qui cesse ses paiements est en état de faillite » sans déclarer à quels signes on reconnaît l'état de cassa-

tion des paiements et c'est la doctrine qui décide en ana-
lysant l'état de cessation de paiements que cet état suppose
le refus de paiement de dettes commerciales. Le Code de
1807 (*V. anc.*, art. 441, C. com.) était plus précis sur ce
point. Mais pour être légal au lieu de doctrinal le rapport
entre la nature de la dette et la cessation des paiements
était toujours le même. La nature de la dette n'est prise
en considération que comme élément, par le refus de paiements, de la cessation de paiements. Il est évident que
la cessation des paiements ne peut être envisagée de la
même façon pour un commerçant par la volonté de la loi,
déclaré tel malgré la nature de ses actes qui restent civils
et pour un commerçant ordinaire qui, suivant l'expression
de l'article 1er-1o du Code de commerce, exerce des actes
de commerce et en fait sa profession habituelle.

« La différence dans la manière d'entendre la cessation
des paiements ne peut manquer de réagir sur la nature
des dettes dont le refus de paiement est constitutif de la
cessation de paiements.

« Notre opinion conforme à l'esprit de la loi des faillites
ne va du reste contre aucun texte. A la différence du Code de
commerce de 1807, notre loi actuelle des faillites se borne
à exiger pour la déclaration de faillite la cessation des
paiements, en laissant aux tribunaux tout pouvoir pour
reconnaître les faits constitutifs de cette cessation. »

M. Thaller (1) prévoyant l'argument tiré de la différence
de l'ancien article 441 du Code de commerce et de l'article 437 tel qu'il résulte de la loi de 1838, dit que l'on ne
peut pas s'appuyer sur cette différence pour arguer que le
législateur ait voulu innover en admettant la déclaration
de faillite pour dettes civiles. Cette observation aurait
une certaine portée si la loi de 1838 s'était bornée à remanier un seul texte du livre des faillites. Mais cette loi a

---

(1) *Annales de droit commercial*, 1894. Art. cité.

complètement refondu le livre III : elle forme un tout complet, c'est « une loi des mieux composées de l'époque » (1). On n'est donc pas recevable à aller chercher dans l'ancienne législation des motifs d'ajouter aux dispositions de la nouvelle, quand on a des textes clairs et se suffisant à eux-mêmes.

Voilà donc nos deux questions préliminaires résolues :

1° La loi de 1893 n'a pas changé la nature des actes faits par les sociétés commercialisées.

2° La déclaration de faillite ne suppose pas essentiellement la cessation de paiements de dettes *civiles* pour les sociétés dont il s'agit.

Rien ne s'oppose plus à l'application de la volonté clairement manifestée par le législateur dans les travaux préparatoires de soumettre à la faillite les sociétés commerciales seulement par leur forme ou commercialisées. Si, pour faire déclarer la faillite, il eût nécessairement fallu la cessation de paiements de dettes commerciales, on n'aurait pu en l'absence de texte et malgré les travaux préparatoires décider l'application d'une telle innovation. Il aurait fallu s'en tenir aux lois et aux usages du commerce existants : le texte formel (art. 68) se fût opposé à ce que la loi fût appliquée dans son esprit à moins d'admettre le système de M. Thaller sur la commercialisation des actes civils faits par la société.

C'est le grand défaut de la loi de 1893, d'être rédigée comme toutes ses contemporaines avec une extrême négligence : de là de nombreuses difficultés d'interprétation. Bien des conséquences de la commercialisation auraient ainsi dû être prévues et si le législateur l'avait fait, nous n'aurions pas la controverse très grave qui existe sur le droit que peuvent avoir les tiers à s'opposer à la commercialisation de la société civile à forme commerciale.

(1) Thaller, *Traité élémentaire de droit commercial*, n° 1441.

§ 4. — Les tiers peuvent-ils avoir des droits acquis à s'opposer à la commercialisation ?

La commercialisation d'une société est assimilée par la loi à une modification des statuts.

En modifiant ses statuts, une société ne peut certainement porter atteinte à des situations acquises. Cela n'est pas contesté, mais quand il s'agit de déterminer ce qu'il faut entendre par situation acquise plusieurs opinions sont mises en avant.

Un point ne fait pas de doute : pour ceux qui admettaient que, dans les sociétés civiles à forme commerciale, les associés étaient indéfiniment tenus pour leur part virile des dettes de la société (art. 1863, C. civ.) les créanciers ont un droit acquis à poursuivre leur paiement sur tous les biens personnels des associés : évidemment, ceux-ci ne peuvent échapper à cette obligation par un acte de leur seule volonté commercialisant la société.

La question est plus délicate en matière de faillite. On a soutenu que les créanciers n'avaient pas un droit acquis au régime de la déconfiture plutôt qu'à celui de la faillite. Le cas a été soumis successivement au tribunal de commerce de la Seine et à la Cour de Paris.

Voici l'espèce telle qu'elle est analysée par M. Bouvier-Bangillon dans le *Journal des sociétés* (1).

Une société constituée sous la forme *anonyme* et *civile par son objet*, la *Société des Immeubles de France*, se trouvant depuis plusieurs mois en état avéré de déconfiture, se transforme en société commerciale, puis dépose son bilan au tribunal de commerce et demande le bénéfice de la liquidation judiciaire. Des créanciers de la société, antérieurs à sa commercialisation, s'opposent à cette liquidation judiciaire.

(1) Juillet 1895.

Ils déclarent que, malgré la commercialisation de leur débiteur, on doit leur conserver le système civil des voies de poursuites sous l'empire duquel ils ont traité. Le régime qui leur est dû est le régime de la déconfiture : on ne peut y substituer à leur détriment le régime commercial de la faillite ou de la liquidation judiciaire sur lequel ils n'ont pas compté.

Par jugement du 11 mai 1894 (*Annales de droit commercial*, 1894, 2ᵉ p., p. 76) le tribunal de commerce de la Seine a donné raison aux créanciers : mais, la Cour de Paris a réformé cette décision (arrêt du 10 juillet 1895). Par suite d'une transaction intervenue, la Cour de cassation n'a pas eu à se prononcer.

Les motifs du tribunal de commerce sont peu juridiques : ils considèrent la déconfiture d'une société comme entraînant sa dissolution, ce qui n'est pas exact et visent des circonstances de fait étrangères à notre question. La thèse de la Cour d'appel mérite discussion : elle soutient que les créanciers n'ont pas un droit acquis au régime de la déconfiture.

On avait versé aux débats une consultation signée de jurisconsultes éminents : MM. Lyon-Caen, Thevenet, rapporteur au Sénat de la loi de 1893, Clausel de Coussergues, rapporteur à la Chambre des députés. Il y était dit « que la soumission d'un traité au régime commercial, bien loin de pouvoir préjudicier aux créanciers, était pour eux à certains égards une sauvegarde, que le concordat ne saurait être une source véritable de dangers, les intérêts des créanciers étant garantis par les formalités qui en règlent l'obtention ».

« Rien n'est plus exact, surenchérit M. Thaller (1). C'est

---

(1) Article cité. En l'espèce, nous ne comprenons pas que M. Thaller approuve la décision de la Cour de Paris : pour lui, la loi de 1893 rend commerciaux les actes civils faits par les sociétés en commandite ou

un faux point de vue que de considérer la faillite ou la liquidation judiciaire avec le concordat qui en est la meilleure solution, comme un tort causé aux créanciers. Ils seraient les premiers au contraire à en recueillir les avantages. Dans le désaccord des avis exprimés par ceux que surprend le désastre, la majorité fait triompher l'opinion appropriée à la situation et préserve même les créanciers résistants d'une perte plus forte qui résulterait du régime de l'union. Le concordat n'est pas un acte de largesse, mais bien une mesure d'intérêt général : l'homologation du tribunal avisera à lui maintenir ce caractère.

« Ce n'est pas la première fois qu'on se demande si la substitution d'un nouveau mode d'exécution à un ancien est de nature à léser les droits des créanciers et dans quelle mesure peut rétroagir une loi modifiant un régime de poursuites. MM. Aubry et Rau, qui traitent remarquablement au commencement de leur ouvrage cette question du conflit des lois anciennes et nouvelles, sont aussi affirmatifs que possible pour reconnaître l'application de la loi nouvelle aux engagements antérieurs et l'arrêt du système d'exécution ancien. En tant qu'elles étendent les anciennes lois d'exécution ou qu'elles en établissent de nouvelles, les lois de cette espèce régissent les poursuites faites sous leur empire quoique l'obligation dont on poursuit l'exécution eût pris naissance sous la législation antérieure. Réciproquement les voies d'exécution établies par la loi ancienne ne peuvent plus, lors même qu'il s'agit de

anonymes et pour prouver l'exactitude de sa doctrine il argumente de ce que le législateur a soumis ces sociétés à la faillite qui suppose, d'après lui, la cessation de paiements de dettes commerciales : or les actes faits par la Société des immeubles de France avant sa commercialisation avaient très certainement le caractère civil, ils ne pouvaient donc *ex post facto* devenir actes de commerce, la société n'ayant que des dettes civiles ne pouvait d'après le système de M. Thaller, exposé plus haut, encourir la faillite. Comment le savant professeur concilie-t-il ses doctrines avec l'approbation qu'il donne à l'arrêt de la Cour de Paris.

dettes contractées sous l'empire de cette loi, être employées après la promulgation de la loi nouvelle qui les a abolies. Il en est ainsi notamment de la contrainte par corps. Le créancier auquel la loi ancienne accordait la faculté de faire prononcer la contrainte par corps contre son débiteur ne pourra plus user de cette faculté sous l'empire d'une loi nouvelle, aux termes de laquelle elle ne lui appartiendrait plus. » — « Qu'on mette *faillite* ou *liquidation judiciaire* au lieu de *contrainte par corps* ce sera la même argumentation. »

Cette conclusion serait exacte, si la *faillite* n'était pas quelque chose de plus qu'une *voie d'exécution* et un mode de poursuites. Elle est un moyen de réalisation du patrimoine du failli propre au droit commercial. Le droit commercial est un droit d'exception ne pouvant être étendu hors de la sphère que le législateur lui a délimitée.

La faillite est plus qu'une voie d'exécution, car si le système civil des voies de poursuites n'entraîne aucune déchéance, nous savons que par la déclaration de faillite le failli est dessaisi de l'administration de ses biens et se voit privé de certains droits civils et politiques : or, les peines ne s'étendent point.

La faillite est plus qu'une voie d'exécution, car les différentes saisies, modes d'exécution du droit civil, entraînent seulement dans l'avenir certaines incapacités du saisi : pour les actes du débiteur dans le passé, les créanciers n'ont que la ressource de l'action paulienne (art. 1167, C. civ.). La faillite au contraire a une grande répercussion sur le passé : répercussion beaucoup plus grave que celle que pourrait avoir l'action paulienne.

Les articles 446, 447, 448 du Code de commerce organisent au profit de la masse des créanciers une action en nullité bien plus efficace et d'un champ beaucoup plus étendu que celle donnée par l'article 1167 du Code civil :

on a appelé cette action d'une façon très expressive « *pau-lienne renforcée* ». Quelques précisions confirmeront ce que nous venons d'avancer.

Dans l'article 446 du Code de commerce, se trouve l'é-numération d'une série d'actes qui « *sont nuls et sans effets relativement à la masse lorsqu'ils auront été faits par le dé-biteur depuis l'époque déterminée par le tribunal comme étant celle de la cessation de ses paiements ou dans les dix jours qui auront précédé cette époque* ».

En rapprochant l'article 446 du Code de commerce de l'article 1167 du Code civil on trouve une première diffé-rence : tandis qu'en principe les paiements échappent à l'action paulienne, certains paiements sont déclarés nuls par l'article 446. Ainsi des hypothèques conventionnelles ou judiciaires et des droits d'antichrèse et de nantisse-ment sont frappés de nullités dans certaines hypothèses par ce même article 446.

Pour la réussite de l'action paulienne, la *fraude* du dé-biteur doit être prouvée : l'article 446 du Code de commerce ne s'occupe pas de cette fraude. — Si l'acte est à *titre oné-reux* il faut la *mauvaise foi* du tiers pour que l'action pau-lienne soit recevable : rien de semblable n'est exigé par l'article 446 du Code de commerce. Par suite de l'intention de fraude qui doit être démontrée dans l'action paulienne les juges ont un *pouvoir d'appréciation* qui leur échappe pour les actes déclarés nuls par l'article 446 du Code de commerce.

L'article 447 vise des actes à titre onéreux non prévus par le précédent. Il est ainsi conçu :

« *Tous autres paiements faits par le débiteur pour dettes échues, et tous autres actes à titre onéreux par lui passés après la cessation de ses paiements et avant le jugement déclaratif de faillite, pourront être annulés si de la part de ceux qui ont reçu du débiteur ou qui ont traité avec lui,*

*ils ont eu lieu avec connaissance de la cessation de ses paie-
ments.* »

Contrairement à ce qui se passe dans l'action paulienne,
la *nullité ne suppose ici aucune fraude* de la part du débiteur, et la simple connaissance de la cessation des paiements de la part du tiers est suffisante pour donner
ouverture à cette nullité.

L'article 448 du Code de commerce permet d'annuler
des inscriptions d'*hypothèque* ou de *privilége* prises dans
un certain délai : l'action paulienne ne produit jamais ce
résultat.

Il est aussi remarquable que tous les créanciers, à quelque date que remontent leurs créances, profitent des nullités établies par les articles 446 et suivants du Code de commerce, tandis qu'il est admis en doctrine et en jurisprudence que les créanciers postérieurs à l'acte frauduleux
ne peuvent ni exercer l'action paulienne, ni en profiter.

De tout ce que nous venons de dire, on est en droit de
conclure, que la substitution du régime de la *faillite* au
régime de la *déconfiture* est de nature à entraîner une lé-
sion de *droits acquis*, puisque l'acte tombant sous l'application des articles 446 et suivants du Code de commerce
serait souvent inattaquable d'après l'article 1167 du Code
civil.

Mais s'il en est ainsi, les tiers qui ont traité avec une
société civile commercialisée avant cette commercialisation n'ont-ils pas le droit de s'opposer à la faillite de la
société ?

L'effet de la faillite n'est-il pas ici de changer les conditions essentielles du contrat ? et personne ne soutient
qu'une loi nouvelle puisse changer ces conditions.

« Si le contrat, d'après la loi en vigueur à l'époque où il
a eu lieu, était valable, le lien de droit, *vinculum juris*,
s'est dès ce moment formé ; et, il y a un droit acquis pour
les parties d'en réclamer l'exécution.

« Si le contrat a été, au contraire, affecté d'une cause de nullité, de rescision, de résolution, il y a eu dès ce moment droit acquis pour les parties ou pour l'une d'elles de la proposer.

« La loi nouvelle ne peut donc rien changer ni à l'une ni à l'autre de ces situations : elle ne peut pas plus annuler le contrat valable que valider le contrat nul ou annulable (1). »

La conclusion soutenue par M. Bouvier-Bangillon (2) s'impose donc.

« Les personnes qui ont traité avec la société antérieurement à sa commercialisation ont un droit acquis à ce que leurs actes soient soumis aux conditions du droit commun et ne soient pas exposés aux nullités toutes spéciales des articles 446 et suivants du Code de commerce. Elles peuvent donc repousser l'application du régime de la faillite qui pourrait entraîner ces conséquences. En définitive, c'est parce que la *faillite,* voie d'exécution, est de nature à entraîner la nullité exorbitante du droit commun d'actes antérieurement faits que nous la repoussons à l'égard des créanciers de la société antérieurs à la commercialisation. Qu'importe après cela que ce soit un faux point de vue de considérer la *faillite* ou la *liquidation judiciaire* avec le concordat, qui en est la meilleure solution, comme un tort causé aux créanciers. »

On ne peut s'arrêter à l'objection qu'on en sera quitte pour ne pas appliquer les nullités dont il s'agit aux actes antérieurs à la commercialisation de la société ; la faillite forme un tout indivisible et ses effets dans le passé ne peuvent se séparer de ceux qu'elle produit dans l'avenir.

« Le jugement déclaratif dessaisit le failli : le régime de nullités est une conséquence extrême du dessaisisse-

---

(1) Demolombe, *Code Nap.*, t. I, p. 63, n° 54.
(2) Bouvier-Bangillon, *J. des S.*, numéro de juillet 1895.

ment et se produit de plein droit. On ne peut faire un tri parmi les effets du jugement déclaratif de faillite (1). »

Toute cette argumentation, que nous avons empruntée à M. Bouvier-Bangillon, n'a pas été réfutée et pour cause. Elle trouve du reste un très solide point d'appui dans les travaux préparatoires.

M. Thevenet, rapporteur au Sénat, s'exprime ainsi : « Nous ne voulons donner à la loi nouvelle aucun effet rétroactif..... Les sociétés existantes ne seront régies que si elles le désirent par la loi nouvelle et disons-le en passant, pour répondre à la pétition des obligataires du Panama, leurs droits quels qu'ils soient ne sont en rien modifiés par la loi nouvelle.

Or, en ne donnant pas à l'article 68 nouveau un effet rétroactif, le législateur a en partie manqué son but et s'est exposé à créer des situations boiteuses ; nous allons en examiner une par la suite. Il a préféré cela que d'aller à l'encontre de droits acquis : ce que le législateur n'a pas osé faire, *a fortiori* la volonté d'une des parties ne saurait l'opérer.

La commercialisation de la société permet aux associés de bénéficier de la prescription abrégée de l'article 64 du Code de commerce, mais les créanciers antérieurs à cette commercialisation ont-ils un droit acquis à repousser la prescription de cinq ans de l'article 64 du Code de commerce?

Nous ne le croyons pas, une prescription en cours n'est jamais constitutive de droits acquis. Lorsque le législateur a voulu déroger à ce principe, il l'a dit par exemple dans l'article 2181 du Code civil. Aussi les associés pourraient-ils repousser, en invoquant l'article 64 du Code de commerce, les actions que les créanciers antérieurs à la

(1) Bouvier-Bangillon, art. cité.

commercialisation leur intenteraient pour cause sociale cinq ans après la fin ou la dissolution de la société.

§ 5. — Comment les créanciers antérieurs feront-ils valoir leurs droits ?

Deux hypothèses peuvent se présenter.

A) *Première hypothèse.* — La société est en état de déconfiture et ne se commercialise que pour être déclarée en état de faillite ou obtenir le bénéfice de la liquidation judiciaire.

B) *Deuxième hypothèse.* — La société qui se transforme est au courant de ses affaires, ce n'est que postérieurement à sa commercialisation qu'elle dépose son bilan ou est assignée en déclaration de faillite.

A. Pour la faillite il n'y a pas de difficulté, les créanciers pourront soit intervenir à l'instance, soit prendre la voie de l'opposition dans les délais de l'article 580 du Code de commerce. On sait que le jugement déclaratif de faillite produit son effet non seulement entre les parties en cause, mais encore *erga omnes.* L'autorité de la chose jugée n'est pas limitée dans les termes de l'article 1351 du Code civile *L'indivisibilité de la faillite ne permet point qu'on devienne failli pour les uns sans l'être pour les autres.* Si donc les créanciers laissaient s'écouler les délais de l'article 580 du Code de commerce, ils seraient forclos et ne seraient pas recevables à se prévaloir de ce que la déclaration de faillite a été *res inter alios acta.*

Si la société transformée demande le bénéfice de la liquidation judiciaire, la situation des créanciers antérieurs sera plus délicate.

Aux termes de l'article 4 de la loi du 4 mars 1889, le jugement qui statue sur une demande de liquidation judiciaire n'est susceptible d'aucun recours même par voie de

tierce opposition si le tribunal n'est en même temps saisi
d'une demande en déclaration de faillite.

Les créanciers devront montrer ici une vigilance toute
spéciale pour intervenir avant le jugement : car si la société surprenait au tribunal le jugement prononçant la
liquidation judiciaire, le mal serait sans remède (1).

B. La société se transforme sans être en état de déconfiture, elle dépose son bilan ou est déclarée en faillite ou en
état de liquidation judiciaire postérieurement à sa transformation.

Ne pourrait-on pas dire : La transformation étant une
modification des statuts doit être publiée conformément à
l'article 61 de la loi de 1867. Cette publication a informé
les créanciers antérieurs et s'ils ne protestent pas dans un
certain délai, ne faut-il pas les considérer comme ayant
tacitement accepté cette modification des statuts ? Non,
bien évidemment, car le but de la publication exigée par
la loi est de porter les statuts à la connaissance des tiers
et de les rendre opposables à ceux qui traiteront avec la
société postérieurement à cette publication. Le tiers qui
traite dans ces conditions est présumé avoir accepté toute
les clauses des statuts.

La publicité n'a pas d'autre but, il faudrait un texte
formel pour lui faire produire l'effet d'une sorte de *signification* faite aux créanciers antérieurs d'avoir à s'opposer
dans un certain délai à la commercialisation faute de quoi
ils seraient présumés l'avoir acceptée. Ce texte n'existant
pas, il n'est pas permis à l'interprète de le suppléer. C'eût
été sans doute une bonne mesure, mais le législateur
ne l'a pas prise.

Ne pourra-t-on pas alors affirmer avec M. Lacour (2) :
« Une personne a contracté des dettes civiles qui n'ont

(1) Cf. Thaller, *Traité élémentaire de Droit commercial*, n° 1532.
(2) Note citée au Dalloz.

pas été payées, elle entreprend une exploitation commerciale qui entraîne pour elle des engagements nouveaux. A-t-on jamais douté que l'inexécution de ces derniers engagements soit de nature à déterminer une *déclaration de faillite* et que dès lors les dispositions de la loi commerciale doivent s'appliquer à tous les créanciers, même aux créanciers pour cause civile qui ne pouvaient à l'époque où leur droit a pris naissance prévoir un pareil changement dans le mode de liquidation de leur débiteur.

« Personne n'a essayé de soutenir que ces créanciers eussent un droit acquis à l'application du régime de la déconfiture. La commercialisation d'une société par actions opérée conformément à la loi de 1893 a le même effet à l'égard de ses créanciers que le fait par un débiteur quelconque d'embrasser une profession commerciale. Dans un cas comme dans l'autre, les créanciers doivent subir les conséquences du changement opéré dans la condition de leur débiteur, changement qui dépend de la libre volonté de celui-ci et auquel il ne leur est pas permis d'apporter aucune entrave. »

Nous avons dit que le législateur de 1893 avait manifesté une volonté contraire : la commercialisation ne peut porter atteinte aux droits acquis. Il y avait du reste une bonne raison de distinguer : on n'est pas commerçant par sa seule volonté : il faut faire des actes de commerce d'une façon habituelle : il faut changer son genre de vie : pour la société au contraire il suffit d'une simple manifestation de volonté.

Si donc la société fait de mauvaises affaires plusieurs années après sa commercialisation, nous aurons un conflit entre deux catégories de créanciers : d'une part *les créanciers antérieurs à la commercialisation* qui ont le droit d'écarter *la faillite* ou la *liquidation judiciaire*, d'autre part les *créanciers postérieurs à la commercialisation* qui peuvent demander la déclaration de faillite et qui sont exposés à subir la liquidation judiciaire.

L'*indivisibilité de la faillite* s'oppose à ce que l'on soit failli pour les uns sans l'être pour les autres. On nous objectera que les créanciers privilégiés et hypothécaires ne sont pas atteints par la faillite et que leur droit de poursuite individuelle n'est pas suspendu : sans doute, mais il s'agit là de causes *de préférence* expressément prévues par la loi et qu'on ne saurait étendre. L'analogie du reste manquerait, car si le *créancier antérieur* a le droit d'écarter la faillite, il est soumis à la grande loi de l'égalité de l'article 2093 du Code civil.

Par conséquent la faillite ne pourra être déclarée. La société commercialisée n'était sujette à la faillite et à la liquidation judiciaire que sous réserve des droits acquis par les tiers : elle n'a pu conférer à ses créanciers postérieurs un droit plus étendu qu'elle n'avait elle-même.

Quant à la question de savoir comment les créanciers antérieurs feront valoir leurs droits, il faut se reporter à ce qui a été dit pour la première hypothèse : les solutions à donner sont les mêmes.

CHAPITRE IV

Il est intéressant de connaître comment les principales législations étrangères ont tranché les questions qui ont fait l'objet de cette étude.

§ 1. — Allemagne.

A la différence de notre Code (art. 1833, C. civ.), le Code civil allemand (art. 705) admet qu'une société ne doit pas nécessairement poursuivre un *but lucratif*. Voici la définition du contrat de société donnée par l'article 705, C. civ. :

« Par le contrat de société, les associés s'obligent réciproquement à poursuivre l'obtention d'un *but commun* de la manière déterminée par le contrat et spécialement à prester les apports convenus. »

Le droit allemand admet notre distinction des sociétés civiles et commerciales. La loi française du 1er août 1893 lui a emprunté le nouveau critérium pour les distinguer. La nature des opérations d'une société doit être examinée pour déterminer sa nature civile ou commerciale, lorsqu'il ne s'agit pas d'une société *par actions, en commandite* ou *anonyme* : celles-ci sont *commerciales, quel que soit leur objet.* C'est la disposition de l'article 68 ajouté à notre loi de 1867 par celle de 1893, avec cette différence que nous étendons le nouveau critérium à la commandite par intérêt.

Le Code civil allemand admet la personnalité civile de

certaines associations. Cette personnalité s'acquiert par concession publique aux termes de l'article 21 du Code civil qui est ainsi conçu :

ART. 21. « A défaut de dispositions spéciales des lois de l'empire, l'association qui a pour but des opérations de nature économique acquiert la capacité juridique par concession publique. Le pouvoir d'accorder la concession appartient à l'Etat confédéré dans le ressort duquel l'association a son siège. »

Cet article ne vise pas probablement des sociétés exclusivement pécuniaires : mais plutôt, comme le mot « Verein » semble l'indiquer, des associations se proposant à la fois un but pécuniaire et un but idéal.

La question de la personnalité des sociétés commerciales est très controversée en droit allemand : on espérait que le Code de commerce du 10 mai 1897 apporterait des précisions en la matière, il n'en a rien été. Cependant, on lit dans l'exposé des motifs (1) :

« La question de savoir si la société en nom collectif avec son patrimoine séparé et sa raison sociale doit être considérée comme une personne juridique est maintenant presqu'unanimement résolue par la négative en doctrine et en jurisprudence. A l'avenir il y aura d'autant moins lieu d'admettre cette conception, que dans la société de Droit civil une séparation juridique du patrimoine social d'avec celui de chaque associé est également reconnue (art. 718 et 719, C. civ. all.), et cela, par *la mise en valeur de la pensée* (2), qui dans l'ensemble suffit à expliquer aussi les particularités de la société en nom collectif (3). » Les

(1) Page 86, édit. Guttentag, 1897.
(2) Cf. *suprà*, théorie de Gierke rapporté par Hauriou.
(3) Je prie M. Thaller d'agréer ici l'hommage de ma respectueuse gratitude pour l'obligeance qu'il a mise à me fournir ces renseignements, copiés presque textuellement dans la lettre qu'il m'a fait l'honneur de m'adresser.

Allemands ne reconnaissent pas davantage la personnalité des sociétés en commandite.

Pour la société par actions, l'exposé des motifs du nouveau Code de commerce, ne fournit aucun renseignement, le paragraphe 210 reproduit le droit de l'article 213 de la Novelle de 1884. « La société par actions comme telle, a dans son autonomie ses droits et ses obligations : elle peut acquérir la propriété ou d'autres droits réels sur des biens, assigner et être assignée en justice. »

Il semble donc que cette société constitue une personne morale. C'est l'opinion de Lehmann, le dernier auteur qui ait écrit sur la matière (1). Il y a toutefois des dissidences et chaque auteur a ses idées.

Il est du reste à remarquer que la question de la personnalité n'a pas en droit germanique la même importance qu'en droit français. Nous avons dit que la société avait son patrimoine : l'article 733 du Code civil donne aux créanciers sociaux un droit de préférence sur ce patrimoine et les gérants peuvent ester en justice au nom de la société.

Il n'y a pas dans le Code civil allemand d'article correspondant à notre article 529 ; la distinction des biens en meubles et immeubles a disparu des lois de l'Empire.

Le droit germanique n'admet pas la spécialité de la *faillite* aux commerçants. La distinction entre une société civile et une société commerciale n'a donc point d'intérêt à ce point de vue.

On peut toutefois se demander comment les Allemands peuvent justifier l'idée de la faillite appliquée à une société qui n'est pas une personne. « Qu'est-ce qu'une faillite sans failli ? demande M. Thaller. »

« C'est ici, répond-il, que les Allemands construisent

(1) *Das Recht der Aktiengesellschaften.*

maintes de ces théories d'école dont ils ont le secret, pour
atteindre par une autre voie, le même but pratique que
nous... »

« Il ne faut pas oublier qu'en Allemagne, la faillite est
dirigée moins contre la personne que contre les biens ;
la règle qui en exonère les valeurs à venir démontre, entre plusieurs autres, que le droit allemand a envisagé
ainsi l'institution ; si le concours atteignait le failli sub-
jectivement, son patrimoine tout entier tomberait sous le
séquestre. Il suffit dès lors pour que la faillite trouve son
application qu'on soit en face d'un ensemble de biens
affectés à une destination commune, formant le gage d'un
ensemble de créanciers : la matière de l'exécution existe,
il n'en faut pas davantage. Qu'importe que cette masse
partageable repose ou non sur un être abstrait? Qu'importe
qu'elle constitue la propriété indivise de certains ayants
droit, possédant d'autres biens disponibles en outre de
ceux-là. Aucun principe juridique ne s'oppose, en Allemagne du moins, à ce que ce corps de valeurs, réuni en vue
d'un but collectif, ne se détache de celles restées aux mains
des associés, pour alimenter une faillite indépendante(1). »

La faillite de la société en nom collectif et de la société
en commandite n'entraîne pas en Allemagne la faillite des
associés personnels et solidaires.

C'est seulement après la liquidation de la masse commune, que les créanciers pourront, s'ils ne sont pas inté-
gralement payés, poursuivre la déclaration de faillite de
ces associés.

La prescription de cinq ans de l'article 64 du Code de
commerce français existe dans le Code de commerce allemand.

_____

(1) Thaller, *Des faillites en droit comparé*, II, p. 306 et 307.

§ 2. — Angleterre.

Le droit anglais ne connaît pas la distinction entre les sociétés civiles et les sociétés de commerce : mais il distingue les sociétés qui ne sont pas des personnes morales appelées *partnerships* et celles qui sont douées de personnalité et appelées *companies* ou *joint stock companies*.

La personnalité est octroyée par l'incorporation : celle-ci, d'après le droit coutumier anglais, ne s'obtenait qu'en vertu d'une loi : en 1837, on vota une loi décidant qu'une charte royale serait suffisante. Depuis 1862 toute société constitue une personne morale dès qu'elle a fait enregistrer ses statuts dans les formes prescrites par la loi (*incorporated by registration*).

L'importance de la personnalité morale n'est pas aussi grande qu'en France : on admet en Angleterre toutes les sociétés à jouir de tous les avantages que nous rattachons à l'idée de la personnalité — droit de préférence des créanciers sociaux sur le patrimoine social — droit de plaider sous la raison sociale sans que les associés doivent figurer en nom dans l'instance (Voyez : Loi anglaise sur la faillite de 1883, art. 40, § 3, traduction Lyon-Caen).

Toute société de banque comptant plus de dix associés doit se soumettre à la forme anonyme régie par la loi de 1862 : de même, toute société autre qu'une société de banque comptant plus de 20 personnes.

Il faut observer que toute société ne peut ainsi obtenir la personnalité : il faut qu'elle se compose au moins de sept personnes.

Une particularité du Droit anglais c'est de distinguer deux sortes de sociétés anonymes : les sociétés à *responsabilité limitée* et les sociétés à *responsabilité illimitée*.

Les sociétés à responsabilité limitée sont de deux espèces : celles qui admettent la responsabilité de leurs membres jusqu'à concurrence du montant encore impayé des actions (*companies limited by shares*) et celles qui admettent cette responsabilité jusqu'à concurrence d'une certaine somme fixée dans l'acte constitutif (*companies limited by garanties*) : l'une et l'autre peuvent avoir des directeurs ou gérants indéfiniment responsables (Loi de 1867, §§ 4-8).

Ces sociétés sont constatées par un acte écrit — *memorandum of association* — qui doit être enregistré. Le memorandum d'une société à responsabilité limitée doit indiquer :

1° La raison sociale terminée par le mot *limited* ;

2° Le siège de la société où toutes les communications pourront être valablement adressées ;

3° L'objet de la société ;

4° La circonstance que les membres entendent limiter leur responsabilité ;

5° Le capital social, le nombre et le montant des actions et la quantité souscrite respectivement par chacun des membres (loi de 1862, § 8).

Dans le cas où la responsabilité des associés est admise jusqu'à une certaine somme, le memorandum doit contenir une déclaration portant que chaque membre s'engage, si la société est liquidée pendant qu'il en fait partie ou dans l'année qui suivra sa sortie, à contribuer pour une somme de tant, au paiement des dettes antérieures à sa retraite (loi de 1852, § 9).

Si les membres de la société ne fixent pas les bornes qu'ils entendent mettre à leur responsabilité, la société est dite *illimited* : le memorandum doit alors simplement énoncer le nom, le siège et le but de la société.

Contrairement à la législation de la plupart des Etats de l'Europe, la loi anglaise n'admet pas la faillite pour les sociétés personnifiées. La faillite est remplacée par *la mise en liquidation* par ordre de la Cour (*Winding-up by Court*).

§ 3. — Belgique.

La législation belge admet notre distinction des sociétés en sociétés civiles et sociétés commerciales. D'après l'article 1er du titre IX du Code de commerce :

« Sont commerciales les sociétés qui ont pour objet des actes de commerce. »

C'est l'ancien critérium français, mais législativement sanctionné, tandis que chez nous il était seulement admis par la doctrine et la jurisprudence sans qu'aucun texte formel l'ait consacré.

L'article 2 de ce même Code porte : « La loi reconnaît cinq espèces de sociétés commerciales :

La société en nom collectif ;

La société en commandite simple ;

La société anonyme ;

La société en commandite par actions ;

La société coopérative. »

Chacune d'elles constitue une individualité juridique distincte de celle des associés.

Toutes les sociétés à objet civil ne peuvent pas, en Belgique, revêtir une forme commerciale.

L'article 136 du titre IX, Code de commerce, du 18 mai 1873 portait :

« Les sociétés dont l'objet est l'exploitation de mines peuvent, sans perdre leur caractère civil, emprunter les formes des sociétés commerciales en se soumettant aux dispositions du présent titre. »

Il a été revisé dans un sens plus libéral par la loi du 22 mai 1886 qui l'a ainsi remanié :

« Les sociétés dont l'objet est l'exploitation des mines, minières et carrières, peuvent, sans perdre leur caractère civil, emprunter les formes des sociétés commerciales, en se soumettant aux dispositions du présent titre. »

Donc les sociétés qui ont un autre objet ne peuvent pas revêtir ces formes ; c'est l'avis général.

Il a été reconnu dans la discussion que les sociétés visées par l'article 136 étaient des personnes morales. M. Namur (1) soutient même que c'est le seul avantage que leur confère cet article : pour lui ce texte n'empêche pas une société civile de se constituer sous une forme commerciale, car la liberté des conventions commande cette interprétation, laquelle n'a rien de contraire à l'ordre public, ni aux bonnes mœurs. Mais à défaut d'une disposition particulière, ces sociétés ne pourraient invoquer le privilège conféré par l'article 2 aux sociétés de commerce, celui d'avoir une individualité juridique distincte de celle des associés, car c'est là une disposition dérogatoire au droit commun, et qui par suite est de stricte interprétation.

Que veulent dire ces mots de l'article 136 « sans perdre leur caractère civil ».

Ils signifient que les actes de la société ne seront pas des actes de commerce et que les tribunaux civils demeureront seuls compétents pour juger les contestations auxquelles ils pourront donner naissance.

La société ne pourra pas être déclarée en faillite.

§ 4. — Espagne.

L'article 1665 du Code civil espagnol du 24 juillet 1889 définit la société « un contrat en vertu duquel deux ou plusieurs personnes s'obligent à mettre en commun de l'argent, des biens ou leur industrie, dans l'intention de partager entre elles le bénéfice » (trad. Levé).

C'est le même principe qu'énonce l'article 1832 de notre Code.

(1) Namur, *Le Code de commerce belge expliqué*, t. II, p. 454.

La distinction entre les sociétés civiles et les sociétés commerciales existe en droit espagnol.

L'article 1670 du Code civil permet aux sociétés civiles par l'objet auquel elles se consacrent de revêtir les formes reconnues par le Code de commerce. Ces formes sont: les sociétés en nom collectif, en commandite, anonyme. A côté de ces formes le Code de commerce contient un grand nombre de dispositions spéciales aux sociétés de crédit, — aux banques d'émission et d'escompte, — aux compagnies de chemin de fer et d'autres travaux publics, — aux compagnies de magasins généraux, de crédit foncier, — aux sociétés agricoles et aux associations en participation.

Quelle est l'influence de l'adoption de ces formes sur la nature de la société?

Le législateur espagnol a évité la faute commise par le législateur français et le législateur allemand : il adopte un *critérium unique* dans l'article 116 du Code de commerce : les sociétés, quel que soit leur objet, qui revêtent les formes du Code de commerce sont commerciales et régies par les lois commerciales. La société civile à forme commerciale, telle que nous l'entendons en droit français, n'existe donc pas en Espagne (1).

_____

(1) L'article 1670 du Code civil espagnol nous semble présenter une certaine antinomie avec l'article 116 du Code de commerce. D'une part, l'article 1670 permet aux sociétés à objet civil d'adopter les formes du Code de commerce, et déclare, que les dispositions du Code de commerce sont applicables à ces sociétés revêtant une forme commerciale, mais en tant qu'elles ne seront pas contraires aux dispositions du Code civil. D'autre part, l'article 116 du Code de commerce dispose que la forme emporte le fond et que par suite de l'adoption d'une forme commerciale, la société devient société de commerce et est soumise aux lois du commerce. Que veut alors dire l'article 1670 du Code civil ?

Les renseignements que nous avons demandés en Espagne ne nous sont pas parvenus au moment de mettre sous presse.

Nous avons consulté sur ce point, M. Cohendy, le savant professeur de droit commercial de l'Université de Lyon, qui s'est spécialement oc-

Quid de la personnalité ? — La question est expressément traitée par l'article 1669 du Code civil ainsi conçu : « N'auront pas la personnalité juridique les sociétés dont les conventions sont tenues secrètes entre les associés et dont chaque associé agit en son propre nom vis-à-vis des tiers. »

Ici la publicité est donc la condition essentielle de la personnalité.

Le droit espagnol admet la faillite des sociétés et, contrairement au droit français, contient de nombreuses dispositions sur cette matière : elles sont contenues dans les sections 7 et 8 du Code de commerce.

Il y a deux sortes de faillites en Espagne : la faillite des commerçants et la faillite des civils : cette dernière est réglée par les articles 1914, 1915, 1916, 1917 et 1920 du Code civil complétés dans la loi du 3 février 1891 sur la procédure civile.

Les sociétés *civiles* personnes juridiques, sont soumises à la faillite organisée par la loi civile.

§ 5. — Italie.

La législation italienne admet la division des sociétés, en civiles et commerciales (Code de commerce de 1882, art. 76). La loi règle le critérium permettant de les distinguer.

« Les sociétés commerciales ont pour objet un ou plu-

---

cupé de législation comparée en matière commerciale : il nous a fait l'honneur de nous répondre qu'à son sens « l'article 1670 du Code civil espagnol ne peut avoir qu'une signification à savoir que les sociétés commerciales à raison de leur forme comme celles qui le sont à raison de leur objet sont soumises aux règles de fond du droit civil ». Ainsi l'article 1670 du Code civil espagnol aurait la même signification que l'article 1873 du Code civil français.

Il nous semble que le texte espagnol résiste à cette interprétation. Que M. Cohendy veuille, malgré le léger doute que nous émettons, agréer nos sincères remerciements pour l'obligeance qu'il a mise à nous donner son opinion. V. Appendice III.

sieurs actes de commerce..... » (art. 76, C. com.). Les sociétés commerciales sont : la société en nom collectif, la société en commandite et la société anonyme.

La personnalité des sociétés de commerce est expressément reconnue par la loi (art. 77, *in fine*) : « ..... Les sociétés susdites constituent, quant aux tiers, une personne juridique distincte de celle des associés. »

« L'article 229 du Code de commerce, permet aux sociétés civiles « d'emprunter les formes des sociétés par actions » et les soumet « en ce cas, aux dispositions du Code de commerce, excepté celles qui regardent la faillite et la compétence ».

Par conséquent, ces sociétés sont des personnes morales.

Les tribunaux de commerce ayant été supprimés en Italie en 1888, la question de compétence est sans intérêt.

La société doit être formée par écrit : si elle est en commandite par actions ou anonyme, elle doit se constituer par acte public (art. 17, C. com.).

Elle doit être publiée (art. 90). Les sociétés par actions ont des règles de publicité spéciales (art. 95 et suiv.).

La loi italienne n'admet pas le système français des nullités des sociétés en commandite ou anonymes pour inaccomplissement des conditions prescrites par la loi (loi de 1865, art. 41) : l'ordre donné par le tribunal, après vérification des conditions légales, d'enregistrer la société, a pour effet de constituer la société d'une manière définitive et d'exclure pour l'avenir toute demande de nullité.

Aux termes de l'article 140 (C de com. ital.), les sociétés par actions doivent tenir, outre les livres prescrits à tous commerçants :

1° Le livre des associés, qui doit indiquer le nom et le prénom ou la raison de commerce et le domicile des associés ou des souscripteurs d'actions, et les versements faits sur les titres ou sur les actions tant du capital primitif, que pour toute augmentation successive, et il doit contenir la déclaration de cession des *quotes* ou des actions nominatives...

2° Le livre des réunions et des résolutions des assemblées générales, si les procès-verbaux relatifs n'ont pas été faits par acte public, et en ce cas leur copie.

3° Le livre des réunions et des résolutions des administrateurs, quand les sociétés ont plusieurs administrateurs.

Le système italien soumet les sociétés civiles ayant revêtu la forme commerciale, à toutes les sanctions assurant l'observation des prescriptions de la loi.

On le voit, c'est le système que nous soutenons être celui du Droit français.

§ 6. — Suisse.

Les sociétés sont régies par le Code fédéral des obligations du 13 juin 1881. Titres XXIII, XXIV, XXV, XXVI.

L'article 524 définit la société : « un contrat par lequel deux ou plusieurs personnes conviennent d'unir leurs efforts ou leurs ressources en vue d'atteindre *un but commun* ».

Comme en droit allemand, *le but lucratif* n'est pas en droit suisse un caractère essentiel de la société.

La distinction de la société civile et de la société commerciale n'est pas non plus reconnue.

Le Code fédéral distingue :

1° La société simple ;

2° La société en nom collectif ;

3° La société en commandite ;

4° La société par actions en commandite ou anonyme

L'article 524 définit la société simple celle qui ne présente pas les caractères spéciaux des sociétés ou associations régies par les titres XXIV à XXVIII). Cette définition est négative : mais, il résulte de l'examen des titres visés que cette société simple répond assez bien aux associations en participation du droit français.

Le Code fédéral n'admet pas la personnalité des sociétés simples : mais une société simple peut acquérir la personnalité en se faisant inscrire au registre du commerce (art. 678). Mais alors elle cesse précisément d'être une société simple et se transforme en une autre espèce de société, par exemple en société en nom collectif.

Par contre le Code fédéral admet la personnalité civile.

1° *Pour les sociétés en nom collectif* cependant la question est controversée — l'affirmative paraît résulter avec évidence de l'article 559 ainsi conçu :

Art. 559. « La société en nom collectif, peut sous sa raison sociale, devenir créancière et débitrice, ester en jugement et acquérir des droits de propriété et d'autres droits réels même sur des immeubles. »

2° *Pour la société en commandite* au sujet de laquelle l'article 597 nous dit que « la société en commandite peut sous sa raison sociale devenir créancière et débitrice, ester en jugement et acquérir des droits de propriété même sur des immeubles.

Ce texte, qui est la répétition de l'article 559, s'applique d'ailleurs aux deux espèces de commandite par intérêts et par actions.

3° *Pour la société anonyme.* — A ce sujet voici les premiers mots de l'article 623 : « La société anonyme n'acquiert la personnalité civile que par l'inscription sur le registre du commerce ... »

4° *Pour l'association,* laquelle répond à la société à capital variable en droit français.

L'article 678 dit : « Toute réunion de personnes qui,

sans constituer l'une des sociétés définies aux titres XXIV à XXVI poursuit un but économique ou financier commun, doit, pour former une association ayant droit à la personnalité civile, se faire inscrire sur le registre du commerce conformément aux dispositions qui suivent. »

Le Code fédéral admet la faillite de la société en nom collectif (art. 572) : cette faillite n'entraîne pas de plein droit la faillite des associés (art. 573).

De même pour la société en commandite et pour la société anonyme.

Le Code fédéral admet aussi la prescription de cinq ans pour les actions contre les associés (1).

(1) Je tiens à remercier M. le Professeur de droit civil à l'Université de Fribourg, des renseignements qu'il a bien voulu me fournir sur la législation suisse. Ces remerciements s'adressent également à M. le juge fédéral Clausen et à M. Lehr attaché jurisconsulte de l'ambassade française à Berne et l'auteur si estimé de plusieurs ouvrages de législation étrangère.

CHAPITRE V

CONCLUSION.

Nous avons dit au début de cette étude que la loi de 1893 avait été votée sous la pression des circonstances et qu'elle était envisagée par ses auteurs comme la préface de la réforme générale des sociétés.

Il est à souhaiter que nous ayons bientôt cette réforme. Sans doute l'article 68 nouveau a apporté des simplifications dans la situation des sociétés en faisant disparaître pour l'avenir le plus grand nombre des sociétés civiles à formes commerciales : cependant nous avons vu qu'il a laissé subsister bien des doutes et que son interprétation ne va pas sans de sérieuses controverses.

La rapide revue que nous avons passée des principales législations de l'Europe montre que nous sommes plutôt en retard sur ce point. Il est à craindre, étant donné les méthodes de travail défectueuses de nos assemblées parlementaires, que nous ne regagnions pas de sitôt le terrain perdu.

Quelle serait la meilleure législation ?

Il faudrait pour se prononcer plus d'expérience des affaires et plus de connaissance juridique que nous n'en avons. Nous nous permettons de donner ici une simple impression.

Une loi bien faite sur les sociétés devrait, comme le Code fédéral suisse, simplifier le plus possible la matière en faisant disparaître complètement la distinction arbitraire entre les sociétés civiles et les sociétés commerciales.

La forme indiquerait quelles règles on doit appliquer à la société (1).

La faillite devrait être uniformément appliquée à toutes les formes de société et on devrait écarter la faillite des associés personnels et solidaires comme conséquence nécessaire de celle de la société en nom collectif et de la société en commandite par intérêt.

La loi devrait trancher d'une façon expresse la question de la personnalité dans un sens aussi libéral que le permettent les droits de l'État.

Nos lois, comme les lois allemandes, ont à tort négligé la période de formation des sociétés. Sur ce point, le législateur de l'avenir pourrait avec fruit s'inspirer des dispositions du Code de commerce italien sur la responsabilité des fondateurs.

Le législateur ne devrait pas oublier que les sociétés sont appelées à se développer de plus en plus et ne pas vouloir à l'avance imposer un moule rigide à des besoins nouveaux qui doivent fatalement se produire et qu'il ne peut raisonnablement prévoir.

En cette matière, le difficile est d'éviter l'excès : car si nous connaissons les inconvénients d'une codification à outrance, d'autres temps ont connu les abus de l'*équité des parlements* (2).

Le législateur espagnol semble avoir trouvé une solution assez pratique pour concilier les besoins divers de la pratique avec la codification.

Les présidents du tribunal suprême et des cours d'appel doivent chaque année, adresser au ministre de grâce et justice, un rapport détaillé sur les difficultés de droit civil que leur révèlerait la pratique judiciaire. Ces rapports précisant les lacunes, les controverses, les obscurités, les

---

(1) Le Code de commerce espagnol, article 116, aboutit au même résultat.
(2) Voir sur les inconvénients de la codification à outrance Saleilles, *Histoire de la commandite, in fine, loco cit.*

difficultés d'interprétation sont transmis à la commission générale de codification qui, tous les dix ans, doit, de concert avec le tribunal suprême, présenter un projet de réformes à introduire.

« Il semble impossible de trouver une combinaison meilleure, dit M. le président Levé, le savant traducteur du Code civil espagnol. La magistrature, mêlée au mouvement des affaires et appelée, par la nature même de son institution, à connaître des difficultés que l'application des lois rencontre dans la pratique, est mieux que tout autre corps de l'Etat, à même de constater les avantages, ou les dangers d'une disposition de loi et d'indiquer les modifications nécessaires. La commission de codification et le tribunal suprême ont toute compétence pour formuler des projets sérieux et apporter dans la législation les réformes nécessitées par la situation et l'état des mœurs. D'un autre côté, en imposant au dépôt de ces projets un délai de dix années, le législateur espagnol s'est prémuni contre les réformes trop hâtives et a manifesté son intention de n'accepter que celles que l'expérience imposait. On ne pouvait concilier plus exactement les nécessités du progrès et le besoin de stabilité de toute législation. »

Si nous voulons profiter de l'expérience des autres peuples et mettre à contribution le talent des grands jurisconsultes de nos Ecoles, notre loi sur les sociétés pourra être, quand on la fera, une œuvre doctrinalement remarquable et cependant très pratique.

APPENDICE I

Cette Etude était en cours d'impression quand nous sont parvenues les *Leçons sur le mouvement social* de M. Hauriou (1).

Dans l'appendice deuxième de cet ouvrage (2) si profondément pensé, le savant professeur de l'Université de Toulouse complète la théorie qu'il avait émise sur le fondement de la personnalité morale dans la *Revue générale du Droit* (année 1898, p. 1 et 119) sous ce titre « De la personnalité comme élément de réalité sociale.

« Si j'y reviens ici, dit-il, c'est que j'ai été peu satisfait de ce premier essai. Je n'étais pas alors arrivé à l'*objectivisme absolu* qu'implique la théorie du *représentatif* : j'avais cherché à la personnalité, un fondement subjectif. On retrouvera donc dans cet *appendice* quelques-uns des détails de la première étude, mais l'allure générale est changée. »

Pour bien comprendre ce système, il faut connaître la théorie philosophique exposée dans les *Leçons sur le mouvement social*. La voici telle que nous avons cru la comprendre.

M. Hauriou rompt complètement avec le *subjectivisme philosophique* : il distingue l'*être* de la *représentation de l'être* : il n'entend pas que la maxime de Descartes « *je pense* DONC *je suis* », veuille dire que l'existence résulte de la pensée, mais, que la pensée constate l'existence, se rend compte de l'existence.

La pensée se représente l'existence, et cette *représentation* est quelque chose de *réel* : de même la *chaleur-lumière* représentant les ondulations de mouvements physiques, a une *réalité*. M. Hauriou applique en effet aux phénomènes de l'ordre mental les lois de la thermo-dynamique. Il résume son système philosophique dans ce brocard « *moventur, repræsentantur, agentur om-*

---

(1) M. Hauriou, *Leçons sur le mouvement social*. Paris, Larose, 1899.
(2) P. 144 et aussi au texte, 5e leçon, p. 92 et s.

nia : il y a un *mouvement*, il y a une *représentation du mouvement*, il y a une *conduite du mouvement*. En toutes choses il y a de l'*organique* et du *représentatif*.

Appliquée à l'*homme*, cette théorie conduit à distinguer : l'*individu*, la *personnalité morale*, la *personnalité juridique*.

L'*individu* est quelque chose d'organique comme le mouvement : c'est l'homme avec ses besoins, ses desseins, *movetur*.

La *personnalité morale* est quelque chose comme la *chaleur-lumière* représentant les ondulations du mouvement. C'est la représentation que se fait l'homme de ses désirs, de ses besoins ; le concept qu'il en a, *repræsentatur*.

La *personnalité juridique*, c'est la *conduite du mouvement*, c'est la volonté qu'a l'homme de satisfaire ses besoins, de contenter ou de refréner ses désirs, *agitur*.

Ces trois notions doivent, d'après M. Hauriou, se retrouver dans la *personnalité* des « *corps et communautés* ».

« L'*Individualité* des corps et communautés, dit-il, est un fait organique. Un groupement social quelconque acquiert l'individualité lorsqu'il constitue « *un système* » et qu'on peut distinguer à son sujet des relations internes et des relations externes. Une société de commerce est un individu parce que lorsqu'elle fonctionne, il y a entre les associés des relations internes, et, avec la clientèle, des relations externes. »

« Il convient de s'attacher, pour constater l'individualité, au fait même du fonctionnement de l'institution, soit qu'elle ait déjà fonctionné, soit qu'elle appartienne à une famille d'établissements pour lesquels l'expérience de la vitalité est déjà faite, dans les conditions prévues aux statuts. Il ne faut point s'attacher à l'acte qui a donné naissance à l'institution, ni au but qui lui est assigné. »

La *personnalité morale* des corps et communautés est *un fait représentatif*. Les membres de l'association se font une idée du but de l'institution, des moyens qui lui sont nécessaires pour atteindre ce but, des droits qu'elle doit avoir ; il se crée entre eux sur ce point une *unanimité* de représentations mentales d'où jaillit la conception des droits corporatifs (1) ; il y a là, une vo-

(1) Page 92.

lonté juridique commune qui est exécutée par l'intermédiaire d'un représentant. Mais cette volonté existant réellement, la représentation n'est pas *fictive* : elle représente une *réalité*.

« Ainsi *le fondement de la personnalité morale des corps et communautés* est dans *l'unanimité représentative* et ne doit point être cherché ailleurs. »

Il faut donc, d'après M. Hauriou, repousser la doctrine française dominante que la personnalité morale est fictive et que son seul fondement est la législation positive : mais il ne faut pas non plus avec l'école *germaniste* donner à LA RÉALITÉ de la *personnalité morale* un fondement *organiciste* en la déduisant immédiatement de l'individualité organique.

La *personnalité juridique* découle de la *personnalité morale* : elle est nécessaire pour la stabilité des relations et la conduite de la personnalité morale. Il n'y a aucune difficulté théorique sur ce point, c'est la *réalité* de la personnalité morale qui est controversée, mais si on reconnaît cette réalité, tout le monde est d'accord que la personnalité juridique doit s'en suivre.

Mais comment expliquer *sans fiction* l'*exercice* des droits corporatifs ?

En effet, au contraire de la *jouissance* des droits, l'*exercice* de ces mêmes droits suppose des actes juridiques qui ont toujours quelque élément matériel, nécessitant pour leur accomplissement une individualité physique.

M. Hauriou écarte ainsi la difficulté : « La *personne morale* collective a la capacité de se procurer des individualités physiques qui accomplissent en son nom les actes juridiques en ce qu'ils ont de matériel. Elle se les procure en se créant des représentants.

« D'une part ces représentants une fois créés mettent tout naturellement leur individualité physique à son service. Il est indifférent dans la représentation que le déléguant ait ou n'ait pas d'individualité physique : la délégation s'accomplit de personne à personne, et il suffit que le *délégué* ait une individualité physique pour accomplir les actes. »

La conclusion du système exposé par M. Hauriou est « qu'il est inadmissible que la législation confère à l'État la mission de *créer* la personnalité morale et alors que sa fonction doit se borner à en *constater l'existence*.

Ceci confirme ce que nous disions au cours de cette *Etude*. Les théories de MM. Mongin, Saleilles et Hauriou cherchent par des moyens différents à assurer le fonctionnement des sociétés indépendamment de toute ingérence de l'Etat. Le savant professeur de l'Université de Toulouse écarte même cette ingérence pour toutes sortes d'associations.

Le seul document de jurisprudence que nous ayons trouvé, sur la question de savoir si le législateur de 1893 a voulu soumettre à la compétence commerciale tous les litiges intéressant les sociétés à objet civil, mais *commerciales, à raison de leur. forme*, ou *commercialisées*, est un jugement du *tribunal de commerce de la Seine* à la date du 10 *juillet* 1896.

Malheureusement les *Annales de droit commercial* (1897, p. 253) se bornent à en donner une analyse trop succincte et les autres recueils de jurisprudence ne le contiennent pas. Il eût été intéressant d'en connaître la teneur intégrale.

Voici l'analyse donnée par les *Annales de droit commercial* :

« La *commercialisation facultative* des sociétés civiles constituées avant la loi du 1ᵉʳ août 1893, dans les conditions déterminées par l'article 7 de la dite loi, a pour résultat d'attribuer la compétence aux tribunaux consulaires pour toutes les contestations intéressant les dites sociétés même d'origine antérieure à sa promulgation. Ainsi et spécialement c'est au tribunal de commerce qu'il appartient de connaître les actions en responsabilité dirigées contre les anciens administrateurs de la société, alors même qu'ils auraient cessé leurs fonctions antérieurement à la transformation de la société ou même avant la promulgation de la loi rendant cette transformation possible.

Cette décision judiciaire va contre l'opinion que nous avons soutenue au cours de cette étude savoir : 1° que les actes faits par les *sociétés à objet civil* mais *commerciales à raison de leur forme* ou *commercialisées*, n'étaient pas nécessairement des *actes de commerce* et que leur caractère devait être déterminé par leur nature intrinsèque ; 2° que le législateur de 1893 n'avait pas innové en matière de compétence : les tribunaux consulaires étant compétents à raison de la nature commerciale de l'acte litigieux.

Nous persistons à croire que cette doctrine est plus conforme aux vrais principes de l'interprétation juridique.

Mais une chose est surtout vraiment *exorbitante* dans la décision sus-rapportée ; c'est la rétroactivité. Tout ce que nous avons dit des travaux préparatoires prouve surabondamment que le législateur n'a pas voulu faire rétroagir la disposition du nouvel article 68.

APPENDICE III

Voici le système de conciliation des articles 1670 du Code civil espagnol et 116 du Code de commerce espagnol qui nous a été proposé par M. le professeur de Droit commercial de l'Université de Barcelone auquel nous offrons nos sincères remerciements.

L'article 1670 permet aux sociétés à objet civil de revêtir les formes commerciales. Cela les soumet aux lois commerciales « *qui ne sont pas contraires à celles du Code civil*.

Lorsqu'il y a conflit entre les dispositions du Code de commerce et celles du Code civil, c'est le Code civil qui doit l'emporter. M. le professeur de l'Université de Barcelone nous cite comme exemple le conflit existant entre l'article 174 du Code de commerce et l'article 1699 du Code civil.

L'article 174 du Code de commerce ne permet pas aux *créanciers personnels* d'un associé dans une société commerciale de saisir sa part avant la liquidation de la société ; les créanciers personnels ne peuvent saisir que *la part des bénéfices* de l'associé et *ses dividendes*.

Cette disposition est contraire à celle de l'article 1699 du Code civil, qui décide dans son deuxième alinéa que « *les créanciers personnels* de chaque associé peuvent demander *la saisie* et *la vente de sa part* dans l'actif social.

Les termes de l'article 1670 du Code civil *in fine* indiquent qu'il faut appliquer l'article 1699 du Code civil, 2ᵉ alinéa et non l'article 174 du Code de commerce aux sociétés à *objet civil* et *commerciales à raison de leur forme*.

Il est donc assez difficile de préciser la théorie du Droit espagnol sur les sociétés à *objet civil* et à *forme commerciale*.

Nous avons soumis ces difficultés au très distingué professeur de Droit commercial de l'Université de Lyon. M. Cohendy nous a répondu avec une obligeance dont nous ne saurions trop le remercier et nous extrayons de sa lettre le passage suivant :

« La difficulté est de savoir dans quel cas les dispositions du Code de commerce espagnol doivent être considérées comme contraires au Code civil et ne peuvent plus recevoir leur application.

« Pour ma part, je serais disposé à résoudre la difficulté au moyen d'une distinction dont je trouve l'idée et le germe dans la lettre qui vous a été écrite de Barcelone.

« S'agit-il d'une question se référant à l'organisation, au fonctionnement ou à la dissolution de la société, c'est la loi commerciale qui doit être appliquée, car autrement le principe posé par l'article 1670 du Code civil n'aurait aucune portée. Et c'est bien là ce que vous écrit le secrétaire de l'Université de Barcelone lorsqu'il dit que ces sociétés « pour ce qui se réfère à leur administration, à leur raison sociale ou à leur dénomination suivant les cas, à la responsabilité des associés etc., sont régies par le Code de commerce ».

« Mais au contraire, s'agit-il d'une question qui ne concerne plus la société elle-même envisagée dans son organisme propre, c'est la loi civile qui doit l'emporter en cas de conflit avec la loi commerciale. »

M. Cohendy se réfère alors au cas sus-exposé de l'article 174 du Code commerce et de l'article 1699-2° du Code civil, puis il continue.

« Et de la même idée je concluerais également que les actes de ces sociétés doivent être considérés comme des *actes civils* et non comme des *actes de commerce*. »

Il faut donc un peu modérer les éloges que nous adressions, au texte, au législateur espagnol. Si la disposition de l'article 116 du Code de commerce apporte une grande simplification en la matière, il est cependant regrettable que la disposition de l'article 1670 *in fine* du Code civil soit venue restreindre cette simplification et jeter des incertitudes sur le régime des sociétés *civiles* par leur objet et commerciales par leur forme.

TABLE DES MATIÈRES

Imp.G. Saint-Aubin et Thevenot. — J. Thevenot, successeur, Saint-Dizier (Hte-Marne)

Imp. J. THEVENOT, Saint-Dizier (Haute-Marne).